Einführung in das Finanzmanagement

Arbeitsbuch

Band 1: Finanzierung

Prof. Dr. Martin T. Schulz

Die Deutsche Nationalbibliothek verzeichnet diese Publikation in der Deutschen Nationalbibliographie; detaillierte bibliographische Daten sind im Internet unter http://dnb.d-nb.de abrufbar.

Prof. Dr. Martin T. Schulz ist Professor für Quantitative Methoden und Finanzierung an der Technischen Hochschule Aschaffenburg.

Herstellung und Verlag:
BoD – Books on Demand, Norderstedt
ISBN 9783751989909

Vorwort

Das vorliegende Arbeitsbuch dient als Begleitband der Vorlesungen "Finanz- und Investitionswirtschaft" sowie "Investition und Finanzierung" an der Technischen Hochschule Aschaffenburg. Es richtet sich an Studierende an Hochschulen, Fachhochschulen oder dualen Bildungseinrichtungen und hat sich zum Ziel gesetzt, mit den Grundlagen zur "Finanzwirtschaft" einen zentralen Teilbereich eines jeden betriebswirtschaftlichen Studiums aufzubereiten.

Jedes Kapitel des Arbeitsbuches ist einheitlich aufgebaut. Zunächst werden zu Beginn die wesentlichen, in der Vorlesung vermittelten Inhalte dieses Kapitels kurz zusammengefasst. Dabei wird besonderer Wert auf die Verständlichkeit gelegt, was bedeutet, dass es dieser Einführung an mathematischen Beweisen ebenso fehlt wie an formalen Herleitungen. Nicht nur aus diesem Grund möchte ich die Leser daher eindringlich darauf aufmerksam machen, dass das Studium dieser Seiten den Besuch der Veranstaltung oder gar eine weitere tiefergehende Lektüre der angegebenen Sekundärliteratur natürlich in keiner Weise zu ersetzen vermag. An die Zusammenfassung ("In aller Kürze") schließt mit der Bearbeitung einiger beispielhafter Übungsaufgaben der eigentliche Schwerpunkt dieses Arbeitsbuches an. Die Aufgaben sollen den Lesern aufzeigen, wie finanzwirtschaftliche Inhalte in der betrieblichen Praxis anzuwenden sind und ihnen einen ersten Eindruck über den zu erwartenden Schwierigkeitsgrad der anstehenden Klausur vermitteln. Die Übungsaufgaben werden ausführlich gelöst, so dass die Leser jeden einzelnen Rechenschritt nachvollziehen können und sich nicht in zusammenfassenden Lösungsskizzen verlieren. Aus vorlesungsdidaktischen Gründen sind die Lösungen der Übungsaufgaben in Form eines Lückenskripts konzipiert. Die Lücken werden im Rahmen der Vorlesung gemeinsam mit den Studierenden erarbeitet und haben den Vorteil, dass sich die Teilnehmer gedanklich voll und ganz dem Lösen der Aufgabe widmen können und keine Zeit mit unnötigen "Abschreibe-Arbeiten" verlieren. Jedes einzelne Kapitel schließt mit zusätzlichen Übungsaufgaben ab, um den Lesern schlussendlich auch Gelegenheit zu geben, die bislang vermittelten Inhalte eigenständig und im Selbststudium anzuwenden.

Auf vielfache Anregung der Studierenden wurde die vierte Auflage

4

des vorliegenden Arbeitsbuches um weitere Aufgaben ergänzt (bspw. zum Leverage-Effekt, zur Kapitalerhöhung und zur Kreditfinanzierung) und analog zum Vorlesungsskript gegliedert. Damit kann ich hoffentlich dazu beitragen, das in der Klausur zu erwartende Anforderungsprofil aus der Sicht der Studierenden einschätzbarer zu machen. Weiterhin sei der Hinweis erlaubt, dass zusätzliche (übrigens sehr ausführlich kommentierte) Übungsaufgaben auch in dem folgenden Buch zu finden sind: Schulz/Rathgeber/Stöckl/Wagner (2017): Übungen zur Finanzwirtschaft der Unternehmung, Vahlen Verlag, 1. Auflage, ISBN: 978-3-8006-5517-5

Ich danke allen aktuellen und vergangenen Kursteilnehmern, die mich durch zahlreiche Fragen und dem beharrlichen Wunsch nach zusätzlichen Übungsmöglichkeiten zu diesem Buch inspiriert haben. In den zahlreichen Gesprächen habe ich den Eindruck gewonnen, dass der Wunsch nach einer ausführlichen und verständlichen "Musterlösung" von repräsentativen Übungsaufgaben gegenüber formal wasserdichten und allgemeingültigen Formulierungen überwiegt. Dieses Anliegen habe ich zur Kenntnis genommen und hoffe, diesem Anspruch mit dem vorliegenden Arbeitsbuch auch gerecht werden zu können.

Ich habe mich zwar um größtmögliche Sorgfalt bemüht (und bin für alle noch enthaltenen Fehler allein verantwortlich), kann aber nicht ausschließen, dass ich die ein oder andere Unzulänglichkeit beim Korrekturlesen des Bandes übersehen habe. Sollte dies der Fall sein, bitte ich Sie, sich mit mir in Verbindung zu setzen. Bitte beachten Sie weiterhin, dass sämtliche Unternehmensbezeichnungen frei erfunden und Ähnlichkeiten mit echten Unternehmen oder lebenden bzw. realen Personen rein zufällig sind. Die Übungsaufgaben sind den im Literaturverzeichnis aufgeführten Quellen entnommen bzw. in Anlehnung daran entstanden.

Abschließend wünsche ich allen Lesern viel Spaß beim Durcharbeiten des Buches und hoffe, damit zu einer erfolgreiche Prüfungsteilnahme beitragen zu können.

Aschaffenburg, im September 2020

Prof. Dr. Martin T. Schulz

Inhaltsverzeichnis

1 Grundlagen der Finanzwirtschaft — **9**
1.1 Das Wichtigste in aller Kürze 9
    1.1.1 Einleitung und Begriffsdefinitionen 9
    1.1.2 Finanzwirtschaftliche Zielsetzungen 10
    1.1.3 Finanzmärkte im Überblick 12
    1.1.4 Finanzierungsarten im Überblick 14
1.2 Übungsaufgaben mit Lösungsvorlagen 15
    1.2.1 Übung zur Rentabilitätsberechnung 15
    1.2.2 Übung zur Rentabilitätsberechnung 17
    1.2.3 Übung zum Leverage Effekt 20
    1.2.4 Rentabilitätsberechnungen und Leverage-Effekt 27
    1.2.5 Übung zur Ausgestaltung von Börsenordern . 30
    1.2.6 Übung zur Preisermittlung bei Auktionen . . 33
1.3 Weitere Übungsaufgaben 36
    1.3.1 Aufgabe 1 36
    1.3.2 Aufgabe 2 36
    1.3.3 Aufgabe 3 37
    1.3.4 Aufgabe 4 37
    1.3.5 Aufgabe 5 38
    1.3.6 Aufgabe 6 38
    1.3.7 Aufgabe 7 39
    1.3.8 Aufgabe 8 39
    1.3.9 Aufgabe 9 40
    1.3.10 Aufgabe 10 40
1.4 Lösungen 41

2 Innenfinanzierung — **45**
2.1 Das Wichtigste in aller Kürze 45
    2.1.1 Selbstfinanzierung 45
    2.1.2 Finanzierung aus Abschreibungen 47
2.2 Übungsaufgaben mit Lösungsvorlagen 48
    2.2.1 Übung zur stillen Selbstfinanzierung (I) . . . 48
    2.2.2 Übung zur stillen Selbstfinanzierung (II) . . . 51

2.2.3   Übung zur stillen Selbstfinanzierung (III) . .   53

2.2.4   Übung zum Kapazitätserweiterungseffekt (I)   54

2.2.5   Übung zum Kapazitätserweiterungseffekt (II)   57

2.3   Weitere Übungsaufgaben   60

2.3.1   Aufgabe 1   60

2.3.2   Aufgabe 2   60

2.3.3   Aufgabe 3   61

2.3.4   Aufgabe 4   63

2.3.5   Aufgabe 5   63

2.3.6   Aufgabe 6   63

2.3.7   Aufgabe 7   65

2.3.8   Aufgabe 8   66

2.4   Lösungen   68

3   **Außenfinanzierung**   **73**

3.1   Das Wichtigste in aller Kürze   73

3.1.1   Beteiligungsfinanzierung   73

3.1.2   Kreditfinanzierung   75

3.2   Übungsaufgaben mit Lösungsvorlagen   79

3.2.1   Übung zur Kapitalerhöhung (I)   79

3.2.2   Übung zur Kapitalerhöhung (II)   86

3.2.3   Übung zur Opération Blanche   92

3.2.4   Übung zur Effektivverzinsung   95

3.2.5   Übung zum Lieferantenkredit   99

3.3   Weitere Übungsaufgaben   101

3.3.1   Aufgabe 1   101

3.3.2   Aufgabe 2   101

3.3.3   Aufgabe 3   101

3.3.4   Aufgabe 4   102

3.3.5   Aufgabe 5   102

3.3.6   Aufgabe 6   102

3.3.7   Aufgabe 7   103

3.3.8   Aufgabe 8   104

3.3.9   Aufgabe 9   104

3.3.10   Aufgabe 10   105

3.3.11   Aufgabe 11   105

3.3.12   Aufgabe 12   106

3.3.13   Aufgabe 13   107

3.4   Lösungen   108

4 Probeklausur **113**

4.1 Das Wichtigste in aller Kürze 113

4.2 Aufgabe 1 (35 Punkte) 114

4.3 Aufgabe 2 (20 Punkte) 116

4.4 Aufgabe 3 (5 Punkte) 116

4.5 Lösungen 117

    4.5.1 Aufgabe 1 117

    4.5.2 Aufgabe 2 120

    4.5.3 Aufgabe 3 122

5 Literaturempfehlungen **123**

1 Grundlagen der Finanzwirtschaft

Als ich jung war dachte ich, dass Geld das Wichtigste im Leben ist und nun, da ich alt bin, weiss ich es.

Oscar Wilde, 1854 - 1900, Schriftsteller

1.1 Das Wichtigste in aller Kürze

Im ersten Kapitel beschäftigen wir uns mit den Grundlagen der Finanzwirtschaft. Wir gehen zunächst auf Gemeinsamkeiten und Unterschiede von Investitions- und Finanzierungsentscheidungen ein (Kapitel 1.1) und betrachten mit der Rentabilität, dem Risiko, der Unabhängigkeit und der Liquidität vier zentrale finanzwirtschaftliche Zielsetzungen (Kapitel 1.2). Anschließend wenden wir uns in Kapitel 1.3 Finanzmärkten und dabei insbesondere den Wertpapierbörsen zu und setzen uns mit dem Verlauf und den Ausgestaltungsmöglichkeiten einer Börsenorder ebenso auseinander wie mit der Frage nach der Ermittlung von Aktienpreisen. Das abschließende Kapitel 1.4 liefert einen Übergang zu Kapitel 2 und stellt verschiedene Finanzierungsarten sowie deren Differenzierungsmöglichkeiten gegenüber.

1.1.1 Einleitung und Begriffsdefinitionen

Im einleitenden Kapitel betrachten wir zunächst Geld- und Güterströme und stellen fest, dass im klassischen Sinne die Finanzwirtschaft als Grundlage der leistungswirtschaftlichen Prozesse verstanden werden kann. Die Finanzwirtschaft "umschließt" quasi die Leistungswirtschaft, d.h. jeder betriebliche Kreislauf beginnt und endet mit finanzwirtschaftlichen Prozessen.

In der modernen Finanzwirtschaft definieren wir eine Investition als eine Zahlungsreihe für die Beschaffung von Gütern, die mit einer oder mehreren Auszahlungen beginnt und höherwertigere Einzahlungen erwarten lässt. Demgegenüber stellt die Finanzierung eine Zahlungsreihe zur Beschaffung von Zahlungsmitteln dar, die mit einer Einzahlung beginnt und auf die zu späteren Zeitpunkten Auszahlungen folgen. Investitions- und Finanzierungsentscheidungen haben zum Ziel, Zahlungsströme über die Zeit zu verschieben, um ein höheres Konsumniveaus einnehmen zu können.

1.1.2 Finanzwirtschaftliche Zielsetzungen

Im Rahmen der Vorlesung unterscheiden wir vier zentrale finanzwirtschaftliche Zielsetzungen:

1. Rentabilität:
   Verhältnis von Ergebnis und Kapitaleinsatz (Gesamtkapitalrentabilität, Eigenkapitalrentabilität, Return on Investment)

2. Sicherheit:
   Begrenzung der Risiken (Verschuldungsgrad, Leverage Effekt)

3. Liquidität:
   Vermeidung von Zahlungsunfähigkeit

4. Unabhängigkeit:
   Wahrung der Unabhängigkeit gegenüber Kapitalgebern

Verschiedene Beispiele aus der Vorlesung bringen das Konkurrenzverhältnis dieser vier Zielsetzungen zum Ausdruck. Da es für ein Unternehmen unmöglich ist, alle vier Ziele gleichzeitig zu erreichen, spricht man auch vom sogenannten "Magischen Viereck" der Finanzwirtschaft.

Oberziel 1: Rentabilität

Bei der Bestimmung der Rentabilität greifen wir auf drei unterschiedliche Kennzahlen zurück:

- Eigenkapitalrentabilität:

$$r_{EK} = \frac{\text{Gewinn nach Abzug der Finanzierungskosten}}{EK}$$

- Gesamtkapitalrentabilität:

$$r_{GK} = \frac{\text{Gewinn vor Abzug der Finanzierungskosten}}{GK}$$

- Return on Investment (RoI):

$$RoI = \frac{\text{Gewinn nach Abzug der Finanzierungskosten}}{GK}$$

Oberziel 2: Sicherheit

Zur Messung der Sicherheit (bzw. des Risikos) verwenden wir den Verschuldungsgrad V, der das Verhältnis zwischen dem bilanziellen Fremd- und Eigenkapital angibt:

$$V = \frac{FK}{EK}$$

Der Verschuldungsgrad gibt Auskunft über die Finanzierungsstruktur eines Schuldners. Mit steigendem Verschuldungsgrad geht dabei eine Erhöhung des Ausfallrisikos für Gläubiger einher.

In welchem Zusammenhang stehen die beiden Oberziele (Leverage-Effekt)?

Wie wir in der Vorlesung sowohl an Hand verschiedener Beispiele als auch über eine mathematische Herleitung zeigen, besteht ein linearer Zusammenhang zwischen der Eigenkapitalrentabilität und dem Verschuldungsgrad. Diese als Leverage-Effekt bezeichnete Abhängigkeit wird formal wie folgt beschrieben:

$$r_{EK} = r_{GK} + V \cdot (r_{GK} - i)$$

Sofern die mit der Investition einhergehende Rendite (Investitionsrendite bzw. Gesamtkapitalrentabilität r_{GK}) die Kosten für zusätzliches Fremdkapital (i) übersteigt, lässt sich die Eigenkapitalrentabilität durch eine Zunahme des Verschuldungsgrades (theoretisch beliebig) erhöhen. Dieser positive Effekt wird als Leverage-Chance bezeichnet. Übersteigt der Fremdkapitalzins hingegen die Investitionsrendite, kehrt sich der Effekt um und eine Erhöhung des Verschuldungsgrades führt unmittelbar zu einer Abnahme der Eigenkapitalrentabilität (Leverage-Risiko).

Bei einem festen bzw. vorgegebenen Verschuldungsgrad bezeichnen wir den einfachen Abstand zwischen Leverage-Chance und Leverage-Risiko als Verschuldungshebel Δr_{EK}^{V}. Er bringt die Schwankungsbreite der Eigenkapitalrentabilität zum Ausdruck und kann über zwei unterschiedliche Ansätze ermittelt werden:

1. Ansatz 1:

$$\Delta r_{EK}^V = r_{EK}^1 - r_{EK}^2$$

wobei r_{EK}^1 den Wert der Eigenkapitalrentabilität im Falle der Leverage-Chance und r_{EK}^2 den Wert der Eigenkapitalrentabilität im Falle des Leverage-Risikos beschreibt.

2. Ansatz 2:

$$\Delta r_{EK}^V = \Delta r_{GK} \cdot (1 + V)$$

wobei Δr_{GK} die Differenz der Investitionsrenditen im Falle der Leverage-Chance und des Leverage-Risikos zum Ausdruck bringt.

Nebenziel 1: Liquidität

Liquidität beschreibt die Fähigkeit der Unternehmung, ihre zwingend fälligen Zahlungsverpflichtungen an jedem Tag uneingeschränkt erfüllen zu können.

Nebenziel 2: Unabhängigkeit

Die Unabhängigkeit bringt zum Ausdruck, dass Unternehmen zum Ziel haben, ihre Dispositionsfreiheit und Flexibilität zu wahren und ihren Handlungsspielraum durch Einflussnahme Dritter (z.B. durch Kapitalgeber) nicht zu beschränken.

1.1.3 Finanzmärkte im Überblick

Börsen wie z.B. die Frankfurter Wertpapierbörse stellen den zentralen Vertreter für einen Finanz- (bzw. Kapital)markt dar und erfüllen folgende wichtige Aufgaben:

- Zusammenführen von Angebot und Nachfrage
- Gewährung einer Fristentransformation
- Transparenz - und Informationsfunktion
- Senkung der Transaktionskosten

Bei der Abgabe einer Börsenorder kann der Käufer bzw. Verkäufer seinen Auftrag entweder

- ohne Preislimit (Billigst- bzw. Bestens-Order) oder

- mit Preislimit (Limit-Order)

abgeben. Große praktische Bedeutung haben im Falle eines Verkaufs auch sogenannte Stop-Loss-Orders, bei denen die Order bei Erreichen des Kurslimits automatisch in eine Bestens-Order umgewandelt wird. Diese Form der Verkaufsorder dient damit sowohl der Absicherung des Verlustrisikos als auch der Realisierung zwischenzeitlich erzielter Buchgewinne. Bei der Ausgestaltung von Börsenorders haben sich in den letzten Jahren eine Vielzahl sogenannter Ausführungsbestimmungen etabliert. Die beiden wichtigsten lauten:

- Fill-or-Kill (FoK): Fill-or-Kill-Aufträge werden entweder vollständig ausgeführt oder gelöscht. Sollte also eine vollständige Ausführung nicht möglich sein, so verfällt die gesamte Order.

- Immediate-or-Cancel (IoC): Immediate-or-Cancel-Aufträge werden vollständig oder teilweise ausgeführt. Bei teilweiser Execution verfällt der nicht ausgeführte Teil der Order.

Das Xetra-System stellt das zentrale Handelssystem der Deutschen Börse dar und wird durch zwei Handelsphasen charakterisiert:

1. Fortlaufender Handel:
   In der Phase des Fortlaufenden Handels besteht voller Einblick in das Orderbuch. Die Preisfestsetzung erfolgt nach der Preis-/Zeitpriorität, d.h. Preise kommen durch das Zusammenführen (Matching) von Aufträgen zum jeweils besten im Orderbuch angezeigten Geld- oder Brief-Limit zu Stande. Konkret bedeutet dies: Priorität haben unlimitierte Aufträge bzw. Kaufaufträge (Verkaufsaufträge) mit den höchsten Limits (mit den niedrigsten Limits). Falls nacheinander zwei gleichlautende Aufträge eingehen, wird das früher eingehende Gebot zuerst ausgeführt (FCFS-Prinzip)

2. Auktion:
   Bei den Auktionen werden sämtliche, nach der Aufrufphase vorliegenden Kauf- und Verkaufsaufträge zusammengefasst und gegenübergestellt. Die Preisermittlung orientiert sich dann am sogenannten Meistausführungsprinzip, d.h. es wird derjenige Preis festgesetzt, der zum höchsten Gesamtumsatz führt.

1.1.4 Finanzierungsarten im Überblick

Im weiteren Verlauf der Veranstaltung wollen wir verschiedene Finanzierungsarten herausgreifen und sie der Reihe nach diskutieren. Dabei unterscheiden wir in erster Linie nach der Mittelherkunft und nach der Rechtsstellung der Kapitalgeber.

Mittelherkunft

Bei der sogenannten Außenfinanzierung bringen Kapitalgeber unternehmensexterne Mittel ein, d.h. finanzielle Mittel werden dem Unternehmen z.B. über Finanzierungsmärkte wie dem Kapitalmarkt zur Verfügung gestellt. Demgegenüber steht die Innenfinanzierung, die dadurch gekennzeichnet ist, dass finanzielle Mittel intern aufgebracht werden, entweder durch Freisetzung bislang gebundenen Kapitals oder durch Kapitalneubildung.

Rechtsstellung der Kapitalgeber

Während die Kapitalgeber bei der Eigenfinanzierung (Mit-)Eigentümer bzw. Anteilseigner werden, sind sie im Falle der Fremdfinanzierung Gläubiger. Im ersten Fall erwirbt der Investor beispielsweise Aktien der Unternehmung, im zweiten Fall hingegen sogenannte Unternehmensanleihen. Darüber hinaus haben sich in den letzten Jahren (auch aufgrund der aktuell vorherrschenden Niedrigzinsphase) komplexe Finanzprodukte entwickelt, die nicht eindeutig in die Klasse der Eigen- oder Fremdfinanzierung zugeordnet werden können. Dies geht darauf zurück, dass derartige Produkte (wie beispielsweise Wandelanleihen, Aktienanleihen, Optionsanleihen oder Genussscheine) mehr oder weniger stark ausgeprägte Charakteristika beider Klassen aufweisen. Aus diesem Grund nennt man die damit verbundene Finanzierungsform auch Hybridfinanzierung (bzw. Mezzanine-Finanzierung).

1.2 Übungsaufgaben mit Lösungsvorlagen

1.2.1 Übung zur Rentabilitätsberechnung

Ihnen liegen zur Kapitalstruktur sowie zur Ertragslage der Asche-Bäck GmbH folgende Daten vor:[1]

- Eigenkapital: 3.000.000 EUR

- Gesamtkapital: 7.500.000 EUR

- Zinsaufwand pro Jahr: 320.000 EUR

- Gewinn (vor Abzug der Finanzierungskosten): 820.000 EUR

Frage
Bestimmen Sie

1. die Eigenkapitalrentabilitat

2. den Fremdkapitalzins

3. die Gesamtkapitalrentabilitat

4. den Return on Investment

der Asche-Bäck GmbH!

Lösung

1. Die Eigenkapitalrentabilität ergibt sich nach:

$$r_{EK} = \frac{\text{Gewinn nach Abzug der Finanzierungskosten}}{\text{Eigenkapital}}$$

Die Höhe der Finanzierungskosten entspricht dem angegebenen Zinsaufwand, so dass schließlich

gilt.

---

[1]In Anlehnung an Diedrich A. (2012/2013), Vorlesung "Betriebswirtschaftslehre", Fachhochschule Düsseldorf.

2. Der in der Aufgabe angegebene Zinsaufwand berechnet sich als Produkt aus der Höhe des Fremdkapitals FK und dem gesuchten Fremdkapitalzins i. Wegen

gilt damit $4.500.000 \cdot i = 320.000$ und schließlich:

3. Für die Gesamtkapitalrentabilität gilt:

$$r_{GK} \;=\; \frac{\text{Gewinn vor Abzug der Finanzierungskosten}}{\text{Gesamtkapital}}$$

4. Der Return on Investment (RoI) aggregiert die Eigen- und die Gesamtkapitalrentabilität und liefert:

$$RoI \;=\; \frac{\text{Gewinn nach Abzug der Finanzierungskosten}}{\text{Gesamtkapital}}$$

1.2.2 Übung zur Rentabilitätsberechnung

Die Asche-Bäck GmbH plant zur Stärkung ihrer Vertriebskraft die Eröffnung einer zusätzlichen Filiale in Goldbach. Die hierzu notwendigen Mittel in Höhe von 2.100.000 EUR sollen zu 30% mit Eigenkapital und zu 70% mit Fremdkapital finanziert werden. Die Fremdkapitalzinsen für diesen Kredit belaufen sich auf 8,5%. Die Asche-Bäck GmbH geht von einer Investitionsrendite von 15% aus.[2]

Frage
Bestimmen Sie

1. die Eigenkapitalrentabilität

2. den Fremdkapitalzins

3. die Gesamtkapitalrentabilität

4. den Return on Investment

der Asche-Bäck GmbH. Gehen Sie dabei davon aus, dass das Investitionsvorhaben zu den obigen Bedingungen durchgeführt wird und berechnen Sie die Kennzahlen für das Gesamtunternehmen, d.h. unter Berücksichtigung der Angaben aus Aufgabe 1.2.1.

Lösung

1. Der für die Erweiterungsinvestition E benötigte Betrag i.H.v. 2.100.000 EUR stammt zu 70% aus Fremdkapital, d.h.

   Die Fremdkapitalzinsen belaufen sich auf $8,5\%$ und betragen damit

   Die Investitionsrendite von E beträgt 15% bezogen auf den Kapitaleinsatz, d.h. $15\% \cdot 2.100.000 = 315.000$ [EUR]. Damit lässt

---

[2] In Anlehnung an Diedrich A. (2012/2013), Vorlesung "Betriebswirtschaftslehre", Fachhochschule Düsseldorf.

sich die Eigenkapitalrentabilität des Gesamtunternehmens bestimmen:

$$r_{EK}^{neu} = \frac{(\text{Gewinn n. F-Kosten})^{alt} + (\text{Gewinn n. F-Kosten})^{E}}{EK^{alt} + EK^{E}}$$

2. Analog zu Aufgabe 1.2.1 ergibt sich der Fremdkapitalzins durch Division des Zinsaufwands mit der Höhe des Fremdkapitals:

$$i^{neu} = \frac{\text{Zinsaufwand}^{alt} + \text{Zinsaufwand}^{E}}{FK^{alt} + FK^{E}}$$

3. Für die Gesamtkapitalrentabilität gilt:

$$r_{GK}^{neu} = \frac{(\text{Gewinn vor F-Kosten})^{alt} + (\text{Gewinn vor F-Kosten})^{E}}{GK^{alt} + GK^{E}}$$

Die gleiche Zählergröße erhält man, wenn zur Größe

$$(\text{Gewinn nach Finanzierungskosten})^{neu} = 690.050 \text{ [EUR]}$$

(siehe Teilaufgabe 1) der gesamte Zinsaufwand (Zinsaufwand^{neu})
aus Teilaufgabe 2 addiert wird:

$$690.050 + 444.950 = 1.135.000 \ [\text{EUR}]$$

4. Der Return on Investment der Asche-Bäck GmbH setzt sich
   aus dem Gewinn nach Finanzierungskosten (siehe Teilaufgabe
   1) und dem Gesamtkapital (siehe Teilaufgabe 3) zusammen.
   Damit gilt:

1.2.3 Übung zum Leverage Effekt

Die Unternehmensleitung der AB-AG plant die Durchführung eines
Sonderprojektes, das nach einem Jahr abgeschlossen werden soll und
einen Kapitaleinsatz von 2 Mio. EUR erfordert. Für die Finanzierung
dieses Vorhabens stehen liquide Mittel in Höhe von 500.000 EUR zur
Verfügung. Der Rest kann entweder durch eine Kapitalerhöhung aufgebracht werden oder durch die Annahme eines Darlehensangebot
über maximal 1.500.000 EUR zu 9%.

Der Vorstand rechnet damit, dass die Rückflüsse aus dem Sonderprojekt (vor Finanzierungskosten) am Ende des Jahres

- im günstigsten Fall: 2.800.000 EUR

- im schlechtesten Fall: 1.900.000 EUR und

- im wahrscheinlichsten Fall: 2.400.000 EUR

betragen werden.

Frage 1
Berechnen Sie die Investitionsrenditen für die drei Fälle!

Lösung

Die Investitions- bzw. Gesamtkapitalrenditen können mit

$$r_{GK} = \frac{\text{Gewinn vor Abzug der Finanzierungskosten}}{\text{GK}}$$

berechnet werden.

- Günstigster Fall: Die Ergebnisgröße ("Gewinn") errechnet sich
  aus der Differenz aus Kapitaleinsatz und Rückfluss, d.h.

Da laut Aufgabenstellung die Rückflüsse vor Abzug der Finanzierungskosten vorliegen, entspricht der eben errechnete Wert
der Zählergröße in der Formel für die Investitionsrendite. Somit gilt:

- Schlechtester Fall: Wir gehen analog vor und erhalten

- Wahrscheinlichster Fall:

Frage 2

Unterstellen Sie, dass das angebotene Darlehen in vollem Umfang in Anspruch genommen wird. Wie hoch ist der auf das Sonderprojekt bezogene Verschuldungsgrad (bezogen auf das eingesetzte Kapital)? Berechnen Sie die Verzinsung des Eigenkapitals im günstigsten, im schlechtesten und im wahrscheinlichsten Fall.

Lösung

Der Kapitalbedarf des Sonderprojektes in Höhe von 2.000.000 EUR wird durch folgende Kapitalstruktur gedeckt:

- Eigenkapital:

- Fremdkapital:

Damit ergibt sich ein auf das Projekt bezogener Verschuldungsgrad von:

Die Verzinsung des Eigenkapitals errechnen wir mit Hilfe der "Leverage-Formel". Für den günstigsten Fall gilt:

$$r_{EK} \;=\; r_{GK} + V \cdot (r_{GK} - i)$$

Analog dazu ergibt sich für den schlechtesten und wahrscheinlichsten Fall:

- Schlechtester Fall:

$$r_{EK} = r_{GK} + V \cdot (r_{GK} - i)$$

- Wahrscheinlichster Fall:

$$r_{EK} = r_{GK} + V \cdot (r_{GK} - i)$$

Frage 3
Stellen Sie den Sachverhalt graphisch dar und nutzen Sie dazu folgende Vorlage!

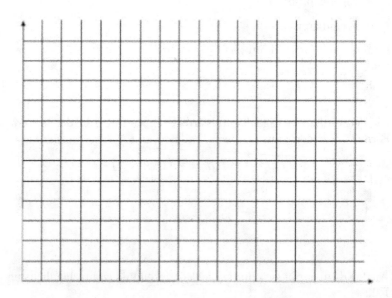

Frage 4

Stellen Sie die gleichen Berechnungen wie in Frage 2) für den Fall an, dass die AB-AG zusätzliches Eigenkapital über eine Kapitalerhöhung aufnimmt und daher das Darlehensangebot nur im Betrag von

- 1.000.000 EUR,

- 500.000 EUR oder

- 0 EUR

akzeptiert.

Lösung

Im ersten Fall (d.h. einer Kreditaufnahme von 1.000.000 EUR) ändert sich die Kapitalstruktur und damit der Verschuldungsgrad:

- Eigenkapital:

- Fremdkapital:

- Verschuldungsgrad:

Durch Anwendung der Leverage-Formel lässt sich nun die Eigenkapitalrentabilität für den

- günstigsten Fall:

$$r_{EK} = r_{GK} + V \cdot (r_{GK} - i)$$

- schlechtesten Fall:

$$r_{EK} = r_{GK} + V \cdot (r_{GK} - i)$$

- wahrscheinlichsten Fall:

$$r_{EK} = r_{GK} + V \cdot (r_{GK} - i)$$

bestimmen.

Analog dazu gehen wir für die beiden Teilfälle 2 und 3 vor und erhalten damit folgende Endergebnisse:

	Teilaufgabe 1	Teilaufgabe 2	Teilaufgabe 3
GK (in EUR)	2.000.000	2.000.000	2.000.000
EK (in EUR)	1.000.000	1.500.000	2.000.000
FK (in EUR)	1.000.000	500.000	0
V	1	$\frac{1}{3}$	0
r_{EK} (günstig)	71%	$50\frac{1}{3}\%$	40%
r_{EK} (schlecht)	-19%	$-9\frac{2}{3}\%$	-5%
r_{EK} (wahrsch.)	31%	$23\frac{2}{3}\%$	20%

Frage 5

Ermitteln Sie auf zwei unterschiedliche Arten den Verschuldungshebel für $V = 1$!

Lösung

Der Verschuldungshebel ist als Differenz zwischen den Eigenkapital-
rentabilitäten im besten (Leverage-Chance) bzw. schlechtesten Fall
(Leverage-Risiko) definiert. Wie in Teilaufgabe 2 ermittelt, gilt für
$V = 1$:

- Leverage-Chance:

- Leverage-Risiko:

Der Verschuldungshebel beträgt damit:

$$\Delta r_{EK}^{V=1} \quad = \quad r_{EK}^1 - r_{EK}^2 =$$

Alternativ dazu kann die Berechnung des Verschuldungshebels auch
über

$$\Delta r_{EK}^{V=1} = \Delta r_{GK} \cdot (1 + V)$$

erfolgen. Δr_{GK} ist die Differenz der Investitionsrenditen, so dass gilt:

- Leverage-Chance:

- Leverage-Risiko:

- und schließlich:

Somit lässt sich der Verschuldungshebel alternativ auch mit Hilfe von

$$\Delta r_{EK}^{V=1} \;=\; \Delta r_{GK} \cdot (1+V)$$

bestimmen.

1.2.4 Rentabilitätsberechnungen und Leverage-Effekt

Als CFO der THAB-AG wollen Sie zur Optimierung der Kapitalstruktur verstärkt auf den Leverage-Effekt setzen. Die THAB-AG
weist folgende Kennzahlen auf (in EUR):

Eigenkapital	10.000.000
Langfristige Bankkredite	6.000.000
Kurzfristige Bankkredite	4.000.000
Gesamtkapital	20.000.000

Die Gesamtkapitalrentabilität beträgt 10% p a.. Auf die langfristigen
Bankkredite sind Zinszahlungen in Höhe von 10% p.a. und auf die
kurzfristigen Kredite in Höhe von 8% p.a. fällig.

Frage 1
Berechnen Sie die Eigenkapitalrentabilität der THAB-AG!

Lösung

Wir bestimmen zunächst den Verschuldungsgrad und erhalten:

Der gewichtete Fremdkapitalzins der THAB-AG beläuft sich auf:

Damit lässt sich die gesuchte Eigenkapitalrentabilität mit Hilfe der
"Leverage-Formel" ermitteln und es gilt:

Frage 2

Die THAB-AG nimmt einen weiteren Kredit über 2.500.000 EUR
zu 10% p.a. auf. Wie wirkt sich diese Fremdkapitalaufnahme auf die
Eigenkapitalrentabilität aus, wenn von einer konstanten Gesamtkapitalrentabilität ausgegangen wird?

Lösung

Da der Zinssatz des zusätzlichen Kredits der Gesamtkapitalrentabilität entspricht, bleibt die Eigenkapitalrentabilität unverändert.

Rechnerischer Nachweis:
Die zusätzliche Kreditaufnahme führt zu einer Zunahme des Verschuldungsgrades

und zu einem erhöhten gewichteten Fremdkapitalzins:

Damit gilt für die Eigenkapitalrentabilität schließlich:

Frage 3

Ein Aktionär der THAB-AG gibt zu bedenken, dass die zusätzliche
Kreditaufnahme für die Eigenkapitalgeber eher ein Leverage-Risiko
als eine Leverage-Chance darstellt. Hat er Recht?

Lösung

Bei gleicher Eigenkapitalrentabilität ist die jährliche Zinslast für die
Eigenkapitalgeber gestiegen. Höhere Zinszahlungen werden von den

Eigenkapitalgebern aber nur dann verkraftet, wenn durch die zuneh-mende Verschuldung auch die Gewinne und damit die Eigenkapital-rentabilität gestiegen wären. Beides ist hier nicht der Fall, d.h. der Aktionär hat Recht.

1.2.5 Übung zur Ausgestaltung von Börsenordern

Unmittelbar vor dem Kauf von 100 Aktien der AB-AG finden Sie
folgendes Orderbuch mit drei limitierten Verkaufsangeboten vor:

- 25 Stück zu je 10,00 EUR

- 50 Stück zu je 10,50 EUR

- 100 Stück zu je 11,00 EUR

Frage

Geben Sie die Anzahl der Ihnen zugewiesenen Aktien an, wenn Sie
folgende Kaufaufträge abgeben:

1. Billigstorder

2. Kauf mit Limit in Höhe von 10,60 EUR

3. Kauf mit Limit in Höhe von 10,60 EUR (Fill-or-Kill)

4. Kauf mit Limit in Höhe von 10,60 EUR (Immediate-or-Cancel)

Was geschieht jeweils mit dem evtl. nicht ausgeführten Teil der Order
und welche Gesamtsumme bezahlten Sie für den ausgeführten Kauf?

Lösung (Frage 1)

Bei der Billigstorder erfolgt die Orderausführung zum niedrigstmög-
lichen Kurs. Da Verkaufsangebote über mehr als 100 Aktien existie-
ren, gilt:

- Anzahl der zugewiesenen Aktien:

- Preis:

Lösung (Frage 2)

Bei einer Limitorder, findet der Kauf nur zu Kursen in Höhe des angegeben Limits oder darunter statt:

- Anzahl der zugewiesenen Aktien:

- Preis:

- Der nicht ausgeführte Teil der Order

Lösung (Frage 3)

Die Hinzunahme einer Ausführungsbestimmung FoK hat zur Folge, dass die komplette Order sofort ausgeführt wird, oder der ganze Auftrag gelöscht wird:

- Anzahl der zugewiesenen Aktien:

- Preis:

Lösung (Frage 4)

Die Hinzunahme einer Ausführungsbestimmung IoC hat zur Folge, dass die Order teilweise ausgeführt wird:

- Anzahl der zugewiesenen Aktien:

- Preis:

- Der nicht ausgeführte Teil der Order

1.2.6 Übung zur Preisermittlung bei Auktionen

Am Ende der Aufrufphase hat das Orderbuch folgende Gestalt:

Nachfrage bzw. Geld			Angebot bzw. Brief		
Stück	Limit	St. (kum.)	Stück	Limit	St. (kum.)
54	billigst	54	72	bestens	72
9	15,60	63	24	15,20	96
45	15,50	108	99	15,30	195
27	15,40	135	21	15,40	216
45	15,30	180	18	15,50	234
30	15,20	210	3	15,70	237
18	15,00	228			

Frage

Welcher Preis wird im Sinne des Meistausführungsprinzips festgesetzt?

Lösung

Das Meistausführungsprinzip sagt aus, dass derjenige Preis festgesetzt wird, der zum höchsten Gesamtumsatz führt. Wir müssen daher für jeden zur Auswahl stehenden Preis (siehe Tabelle) den Umsatz berechnen und in einem daran anschließenden Schritt das Maximum dieser Umsätze ermitteln.

Fall 1: Kursfestsetzung auf 15,00 EUR

Wenn der Kurs auf 15 EUR festgesetzt würde, würden auf der Käuferseite

gekauft und auf der Verkäuferseite

verkauft werden. Damit wäre ein Handel von

möglich, was zu einem Umsatz von

führen würde. Somit gilt:

Kurs	Nachfrage Stück	Angebot Stück	Umsatz Stück	Umsatz EUR

Fall 2: Kursfestsetzung auf 15,20 EUR
Führen wir diese Logik für den nächstkleineren Kurs von 15,20 EUR
weiter fort, ergibt sich:

- Nachfrage (Käuferseite):

- Angebot (Verkäuferseite):

- Gesamtumsatz (Stück):

- Gesamtumsatz (EUR):

Diesem Prinzip folgend, ergibt sich für alle (theoretisch) möglichen
Kurse damit:

Kurs	Nachfrage Stück	Angebot Stück	Umsatz Stück	Umsatz EUR
15,00 EUR	228	72	72	1.080
15,20 EUR	210	96	96	1.459
15,50 EUR	108	234	108	1.674
15,60 EUR	63	234	63	982
15,70 EUR	54	237	54	847

Nach dem Meistausführungsprinzip liegt der Börsenkurs der Auktion somit bei 15,30 Euro, da bei diesem Kurs die größten Umsätze zu Stande kommen.

1.3 Weitere Übungsaufgaben

1.3.1 Aufgabe 1

Als Geschäftsführer der AB-GmbH planen Sie die Erneuerung Ihres Maschinenbestandes unter einem Kapitaleinsatz i.H.v. 1.000.000 EUR. Aufgrund der starken Konjunkturabhängigkeit Ihres Unternehmens und der unsicheren Wirtschaftslage, rechnen Sie mit einer Investitionsrendite von 4% (im schlechtesten Fall) bzw. 12% (im besten Fall) Der Fremdkapitalzinssatz beläuft sich auf 6%.

1. Stellen Sie die Abhängigkeit der Eigenkapitalrendite vom Verschuldungsgrad graphisch dar und erläutern Sie anhand der Abbildung Chancen und Risiken des Leverage-Effekts!

2. Zur Realisierung des Investitionsvorhabens nehmen Sie Fremdkapital i.H.v. 700.000 EUR auf. Berechnen Sie den Verschuldungshebel der AB-GmbH auf zwei unterschiedliche Arten!

3. Stellen Sie die Eigenkapitalrendite in Abhängigkeit der Investitionsrendite dar und interpretieren Sie das Ergebnis. Unterstellen Sie dabei einen konstanten Verschuldungsgrad i.H.v. 2,33.

1.3.2 Aufgabe 2

Gegeben sei folgende Orderbuchsituation:

1. Verkauf:

   a) 40 Stück zu einem Limit von 91 EUR

   b) 120 Stück zu einem Limit von 90 EUR

   c) 80 Stück bestens

2. Kauf:

   a) 100 Stück billigst

   b) 60 Stück zu einem Limit von 92 EUR

   c) 80 Stück zu einem Limit von 91 EUR

Welcher Preis wird im Sinne des Meistausführungsprinzips festgesetzt?

1.3.3 Aufgabe 3

Die ABURG AG legt ihren Jahresabschluss für 2015 vor. Die Summe von Jahresüberschuss und Fremdkapitalzinsen ist darin mit 32.000 EUR angegeben. Das für Rentabilitätsberechnungen veranschlagte Gesamtkapital beträgt 480.000 EUR Im Jahr 2015 wurde eine Eigenkapitalrentabilität von 15% erwirtschaftet. Der Kapitalmarktzinssatz liegt bei 5%.

1. Berechnen Sie den Verschuldungsgrad der ABURG AG für 2015!

2. Berechnen Sie die Höhe des Eigen- und Fremdkapitals der ABURG AG für 2015!

1.3.4 Aufgabe 4

Sie haben 10.000 EUR geerbt und möchten das Geld in die Aktienanleihe A investieren. Folgende Informationen liegen Ihnen zu A vor:

- Nennbetrag: 500 EUR

- Laufzeit: exakt ein Jahr

- Kupon: 20% p.a.

- Die Rückzahlung der Anleihe erfolgt

    − entweder zu 100%, falls der Kurs der Aktie S in einem Jahr mindestens 25 EUR beträgt, oder

    − durch Lieferung von 20 Aktien S pro Anleihe, falls der Kurs von S in einem Jahr unter 25 EUR liegt.

Welchen Bruttoertrag können Sie in einem Jahr aus der Investition in A erwarten, wenn der Kurs der Aktie S dann

1. 30 EUR

2. 20 EUR

3. 1 EUR

beträgt?

Hinweis: Berechnen Sie für jeden der drei Fälle den finanziellen Gegenwert aus Zinszahlung und Tilgung! Kosten werden nicht berücksichtigt!

1.3.5 Aufgabe 5

Die AB-AG verfügt im Jahr 2016 über ein Gesamtkapital in Höhe von 300.000 Euro. Davon sind 200.000 Euro Fremdkapital, das mit 10% verzinst wird. Das vollständige Gesamtkapital investiert die AB-AG in ein Projekt, das eine (sichere) Rendite von 15% erwirtschaftet.

1. Berechnen Sie den Verschuldungsgrad der AB-AG!

2. Berechnen Sie die Eigenkapitalrentabilität der AB-AG!

3. Wie viel Eigenkapital müsste die AB-AG aufweisen, damit sich eine Eigenkapitalrentabilität von 50% ergeben würde?

4. Im Jahr 2019 stellt sich heraus, dass die Gesamtkapitalrentabilität zu optimistisch eingeschätzt wurde.

   a) Welchen Verschuldungshebel weist die AB-AG auf, wenn die Eigenkapitalrentabilität des Projektes nun -5% aufweist?

   b) Wie lässt sich eine negative Eigenkapitalrentabilität interpretieren?

   c) Welche Gesamtkapitalrentabilität hat sich tatsächlich eingestellt?

   d) Welcher Verschuldungshebel hätte sich ergeben, falls die Voraussetzungen aus Frage 3 gelten würden?

1.3.6 Aufgabe 6

Füllen Sie die folgenden Lücken mit "größer" oder "kleiner", so dass die Aussagen richtig sind!

1. Der Leverage-Effekt ist umso größer, je _____ der FK-Zinssatz ist.

2. Der Leverage-Effekt ist umso größer, je _____ der Verschuldungsgrad ist.

3. Die mit dem Leverage-Effekt einhergehenden Risiken, sind umso kleiner je _____ der FK-Zinssatz und je _____ der Verschuldungsgrad ist.

1.3.7 Aufgabe 7

Sie kaufen das Aschaffenburger Trendlokal "Zum Schlappe-Maxl" zum Preis von 1.500.000 EUR. Zur Finanzierung nehmen Sie bei Ihrer Hausbank ein Darlehen über 1.000.000 EUR zu 9,5 % auf. Zusätzliches Fremdkapital steht nicht zur Verfügung. Sie budgetieren für das kommende Jahr einen Totalaufwand von 350.000 EUR und einen totalen Ertrag von 365.000 EUR.

1. Berechnen Sie die Gesamtkapitalrentabilität für den Fall, dass Sie Ihr Budget genau einhalten können!

2. Berechnen Sie die Eigenkapitalrentabilität für den Fall, dass Sie Ihr Budget genau einhalten können!

3. Weshalb ist für die Analyse eines Unternehmens beides von Bedeutung, d.h. sowohl die Eigenkapitalrentabilität als auch die Gesamtkapitalrentabilität?

4. Können Sie für das Lokal die positiven Effekte des Leverage-Effekts ausnutzen? Begründen Sie Ihre Antwort.

5. Sie stellen fest, dass Ihr Kollege vom In-Lokal "R-OI" eine Eigenkapitalrentabilität von 0,1% erzielt, während die Gesamtkapitalrentabilität 20% beträgt. Interpretieren Sie diese beiden Ergebnisse.

6. Auf welchen Zinssatz müsste der Fremdkapitalzinssatz fallen, damit Ihr Lokal eine Eigenkapitalrentabilität von $6\frac{1}{3}\%$ erwirtschaften könnte? Runden Sie auf zwei Stellen nach dem Komma!

1.3.8 Aufgabe 8

Das Unternehmen U verfügt über 100.000 EUR an Eigenkapital und tätigt eine Investition, mit der eine Gesamtkapitalrentabilität in Höhe von 8% erreicht werden soll. Der Fremdkapitalzins beträgt 6%.

Wie viel Fremdkapital muss U einsetzen, um eine Eigenkapitalrentabilität von mindestens 16% zu erreichen?

1.3.9 Aufgabe 9

Inmitten der Coronakrise lässt sich der zukünftige Gewinn der A-AG aufgrund der unsicheren wirtschaftlichen Gesamtsituation nur sehr schwer prognostizieren. Die Geschäftsführung schätzt daher die künftige Gesamtkapitalrendite in Abhängigkeit der ggf. zu erwartenden Coronaeinschränkungen wie folgt ab:

Szenario	r_{GK}
schlecht	1%
mittel	5%
gut	7%

Der Fremdkapitalzinssatz beträgt 4% p.a..

1. Berechnen Sie die Eigenkapitalrentabilität in den drei Szenarien, falls der Verschuldungsgrad der A-AG 0, 2, 4, 6, 8 oder 10 beträgt!

2. Stellen Sie die Ergebnisse graphisch dar!

1.3.10 Aufgabe 10

Gegeben sei folgende Orderbuchsituation:

Kaufaufträge		Verkaufsaufträge	
Anzahl	Limit	Anzahl	Limit
1.500	billigst	2.500	bestens
2.500	100 EUR	4.500	94
2.500	98 EUR	4.500	96
4.500	96 EUR	2.500	98
2.500	94 EUR		

Welcher Preis wird im Sinne des Meistausführungsprinzips festgesetzt?

1.4 Lösungen

Aufgabe 1

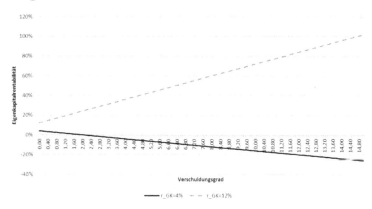

Verschuldungshebel: $26\frac{2}{3}\%$

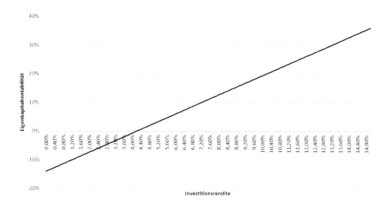

Aufgabe 2

Preis: 91 EUR

Aufgabe 3

- Verschuldungsgrad: 5
- Eigenkapital: 80.000 EUR

- Fremdkapital: 400.000 EUR

Aufgabe 4

1. Bruttoertrag: 2.000 EUR + 10.000 EUR = 12.000 EUR

2. Bruttoertrag: 2.000 EUR + (20 · 20 EUR) · 20 = 10.000 EUR

3. Bruttoertrag: 2.000 EUR + (20 · 1 EUR) · 20 = 2.400 EUR

Aufgabe 5

1. $V = 2$

2. $r_{EK} = 25\%$

3. $EK = 37.500$ EUR

4.

   a) $\Delta r_{EK} = 30\%$

   b) Die Rückflüsse aus dem Investitionsprojekt reichen nicht aus, um die FK-Ansprüche zu erfüllen. Die Zinslast muss daher von den EK-Gebern übernommen werden.

   c) $r^2_{GK} = 5\%$

   d) $\Delta r_{EK} = 80\%$

Aufgabe 6

1. kleiner

2. größer

3. kleiner - kleiner

Aufgabe 7

1. $r_{GK} = 7\frac{1}{3}\%$

2. $r_{EK} = 3\%$

3. Die Gesamtkapitalrendite dient ausschließlich der Messung des operativen Ergebnisses, da sie nicht durch den Finanzierungsmix beeinflussbar ist. Die Eigenkapitalrendite hingegen kann durch eine Änderung des Kapitalstruktur (Ausnützung des Leverage-Effekts) beeinflusst und somit im Interesse des Eigenkapitalgebers verändert werden.

4. Nein, da die Gesamtkapitalrendite kleiner ist als die Fremdkapitalzinsen.

5. Die Eigenkapitalrentabilität von 0,1% lässt auf einen sehr kleinen Gewinn (nach Zinsen) schliessen. Da die Gesamtkapitalrendite mit dem Gewinn vor (!) Zinsen berechnet wird, kann die Differenz der beiden Werte nur auf hohe Zinszahlungen zurückgeführt werden. Dies bedeutet, dass das Lokal „R_OI" sehr risikoreich, d.h. mit einem hohen Fremdkapitalanteil finanziert ist.

6. $i = 7,83\%$

Aufgabe 8

$FK \geq 400.000$ EUR

Aufgabe 9

V	schlecht	mittel	gut
0	0,01	0,05	0,07
2	-0,05	0,07	0,13
4	-0,11	0,09	0,19
6	-0,17	0,11	0,25
8	-0,23	0,13	0,31
10	-0,29	0,15	0,37

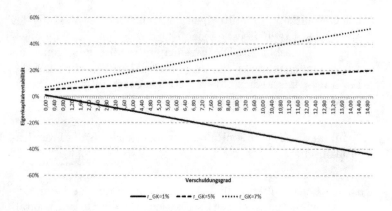

Aufgabe 10

96 EUR

2 Innenfinanzierung

Lieber eine Stunde über Geld nachdenken, als eine Stunde für Geld zu arbeiten!

John D. Rockefeller, 1839 - 1937, Milliardär

2.1 Das Wichtigste in aller Kürze

Die Innenfinanzierung stellt eine zentrale Form der Unternehmensfinanzierung dar. Sie zeichnet sich dadurch aus, dass Kapital durch den unternehmerischen Transformationsprozess entweder neu gebildet oder erneut disponibel gemacht wird. Mit der Selbstfinanzierung, der Finanzierung aus Rückstellungen, der Finanzierung aus Abschreibungen sowie der Finanzierung aus sonstigen Kapitalfreisetzungen werden in Literatur und Praxis zwar meist vier unterschiedliche Arten aufgeführt, jedoch konzentrieren wir uns im Rahmen der Vorlesung auf die Selbstfinanzierung (Kapitel 2.1) und die Finanzierung aus Abschreibungen (Kapitel 2.2). Sie sind beide Bestandteil der sogenannten Cashflow-Finanzierung und setzen damit voraus, dass Gewinne und Abschreibungen in die Verkaufspreise einkalkuliert werden. Zudem müssen die Verkaufspreise realisiert werden und der Verkauf muss zu Einnahmen führen.

2.1.1 Selbstfinanzierung

Bei der Selbstfinanzierung handelt es sich um die Finanzierung aus einbehaltenen Gewinnen. Während bei der offenen Selbstfinanzierung die nicht ausgeschütteten und damit im Unternehmen verbleibenden Teile des Gewinns aus der Bilanz ersichtlich sind, ist die Höhe der Gewinnthesaurierung bei der stillen Selbstfinanzierung nicht aus der Bilanz erkennbar.

Offene Selbstfinanzierung

Die offene Selbstfinanzierung erfolgt über die Passivseite der Bilanz, genauer gesagt über die Position der Gewinnrücklagen und deren Unterpositionen, wie insbesondere die "gesetzliche Rücklage" und die "anderen Gewinnrücklagen". Während die Gewinneinbehaltung (man sagt auch Gewinnthesaurierung) über die gesetzliche Rücklage zwingend ist und vom Gesetzgeber vorgeschrieben wird, ist das Einstellen von Gewinnen in die anderen Gewinnrücklagen freiwillig. Konkret bedeutet dies, dass der Gesetzgeber in AktG §150 von einer Kapitalgesellschaft fordert, jährlich 5% des Jahresüberschusses in die gesetzliche Rücklage einzustellen, und zwar genau so lange, bis die Summe aus Kapitalrücklage und gesetzlicher Rücklage 10% des Grundkapitals erreicht. Beabsichtigt das Unternehmen einen höheren Gewinnanteil einzubehalten, ist dies über die anderen Gewinnrücklagen möglich. Im Sinne von AktG §58 darf das Unternehmen höchstens 50% des Jahresüberschusses in die anderen Gewinnrücklagen einstellen, wobei

- jedoch Beträge, die in die gesetzliche Rücklage eingestellt wurden, vom Jahresüberschuss abzuziehen sind.

- jedoch nur so viel Beträge eingestellt werden dürfen, dass die Position der anderen Gewinnrücklagen die Hälfte des Grundkapitals nicht übersteigt.

Stille Selbstfinanzierung

Die stille Selbstfinanzierung erfolgt entweder über eine Unterbewertung von Bilanzpositionen der Aktivseite (d.h. durch zu niedrige Wertansätze des Anlage- oder Umlaufvermögens) oder aber durch eine Überbewertung der Passivseite (z.B. durch nach dem Vorsichtsprinzip zu hoch angesetzte Prozess- oder Pensionsrückstellungen). Die stille Selbstfinanzierung hat das Ziel, den aktuellen Periodengewinn zu verringern und auf die Zukunft zu verschieben und ist durch ein enormes Finanzierungspotential gekennzeichnet, das jedoch erst bei Realisierung (d.h. z.B. bei Auflösung der Rückstellungen) ersichtlich wird.

2.1.2 Finanzierung aus Abschreibungen

Unter Abschreibungen verstehen wir den Aufwand, der einer Periode für die Wertminderung des Anlagevermögens zugerechnet wird. Dieser Abschreibungsaufwand muss in die Verkaufspreise eingerechnet sein (man sagt auch, dass er "über die Umsatzerlöse verdient wird"), führt aber im Gegensatz zu anderen Bestandteilen einer Preiskalkulation (wie Löhne, Gehälter, Mieten etc) nicht zu einer sofortigen Auszahlung. Vielmehr steht er dem Unternehmen in Form liquider Mittel zur Verfügung. Im Rahmen der Vorlesung unterscheiden wir zwei zentrale Effekte der Abschreibungsverrechnung. Während beim Kapitalfreisetzungseffekt die verdienten Abschreibungsgegenwerte so lange akkumuliert werden, bis Ersatzinvestitionen getätigt werden können, werden die Abschreibungsgegenwerte beim Kapazitätserweiterungseffekt zur Finanzierung zusätzlicher Investitionen verwendet. Dies führt unmittelbar zu einer Zunahme der Periodenkapazität eines Unternehmens, die auf lange Sicht durch den sogenannten Kapazitätserweiterungsfaktor abgeschätzt werden kann (n beschreibt die Nutzungsdauer der betrachteten Anlage):

$$KEF = \frac{2n}{n+1}$$

2.2 Übungsaufgaben mit Lösungsvorlagen

2.2.1 Übung zur stillen Selbstfinanzierung (I)

Die AB-AG verfügt über ein Grundkapital von 100.000 EUR. Während sich die Position der gesetzlichen Rücklage auf 5.000 EUR und die der anderen Gewinnrücklagen auf 6.000 EUR beläuft, ist die Bilanzposition der Kapitalrücklage noch leer. Der Jahresüberschuss beträgt 30.000 EUR.[1]

Frage 1
Muss die AB-AG Teile des Jahresüberschusses in die gesetzliche Rücklage einstellen? Falls ja, wie hoch ist dieser Anteil?

Lösung

Die Summe aus Kapitalrücklage und gesetzlicher Rücklage beträgt

und hat die erforderlichen 10% des Grundkapitals (d.h. 10.000 EUR) noch nicht erreicht. Somit sind 5% des Jahresüberschusses der gesetzlichen Rücklage zuzuführen:

Im neuen Bilanzjahr beläuft sich die Position der gesetzlichen Rücklage damit auf

Frage 2
Über welchen gesetzlichen Spielraum verfügt die AB-AG bei der Bilanzposition der anderen Gewinnrücklagen?

Lösung

Bei den anderen Gewinnrücklagen handelt es sich um eine freiwillige Form der Gewinnthesaurierung, so dass der Vorstand auf die

---

[1]In Anlehnung an Bieg et al: „Finanzierung in Übungen", Vahlen Verlag.

Bildung dieser Rücklage auch ganz verzichten kann. Somit gilt im ersten Extremfall:

- Die Position der anderen Gewinnrücklagen bleibt unverändert bei

Im zweiten Extrem kann der Vorstand seinen gesetzlichen Spielraum zur Bildung anderer Gewinnrücklagen vollständigen ausnutzen. In diesem Fall gilt:

- Vom Jahresüberschuss sind die bereits eingestellten gesetzlichen Rücklagen abzuziehen

so dass der Vorstand maximal die Hälfte dieses Betrages, d.h. 14.250 EUR in den anderen Gewinnrücklagen einbehalten kann.

- Die anderen Gewinnrücklagen dürfen 50% des Grundkapitals nicht übersteigen und damit maximal einen Wert von

annehmen. Da diese Obergrenze durch die Einstellung des maximal möglichen Betrages in Höhe von 14.250 EUR nicht erreicht wird, kann der Vorstand die anderen Gewinnrücklagen also auf

aufstocken.

Fazit: Vom Jahresüberschuss können somit Beträge innerhalb des Intervalls

in die anderen Gewinnrücklagen eingestellt werden.

Frage 3
Welche Dividende in % vom Grundkapital kann der Vorstand den Aktionären maximal anbieten bzw. welche Dividende in % vom Grundkapital muss der Vorstand den Aktionären mindestens anbieten? Wie hoch ist jeweils der Gewinnthesaurierungsbetrag?

Lösung

- Extremfall 1: Der Vorstand verzichtet auf die Bildung anderer Gewinnrücklagen:
  - Ausschüttung:

    d.h. 28,5% des Grundkapitals kommen zur Ausschüttung
  - Gewinnthesaurierung:

    werden einbehalten (im Rahmen der gesetzlichen Rücklage)

- Extremfall 2: Der Vorstand schöpft seinen kompletten Spielraum zur Gewinnthesaurierung aus:
  - Ausschüttung:

    d.h. 14,25% des Grundkapitals kommen zur Ausschüttung
  - Gewinnthesaurierung:

    werden einbehalten

2.2.2 Übung zur stillen Selbstfinanzierung (II)

Die X-AG verfügt über ein Grundkapital von 10.000.000 EUR. Während sich die Position der gesetzlichen Rücklage auf 200.000 EUR und die der anderen Gewinnrücklagen auf 400.000 EUR beläuft, beträgt die Kapitalrücklage 100.000 EUR und der Jahresüberschuss 1.000.000 EUR.

Frage 1
Welcher Betrag muss in die gesetzliche Rücklage eingestellt werden?

Lösung

Kapitalrücklage und gesetzliche Rücklage betragen

d.h. die vom Gesetzgeber geforderte Schwelle in Höhe von 10% des Grundkapitals (=1.000.000 EUR) ist noch nicht erreicht. Somit muss die X-AG 5% des Jahresüberschusses in die gesetzliche Rücklage einstellen:

Frage 2
Wie hoch ist der maximale Betrag, der in die Bilanzposition der "anderen Gewinnrücklagen" eingestellt werden kann?

Lösung

Die anderen Gewinnrücklagen können maximal 50% des Grundkapitals, d.h. 5.000.000 EUR annehmen. Da vom Jahresüberschuss bereits 50.000 EUR in die gesetzliche Rücklage eingestellt werden müssen (siehe Frage 1), verbleiben noch 950.000 EUR, die maximal zur Hälfte in die anderen Gewinnrücklagen gebucht werden können:

Frage 3
Welcher Betrag wird in die Gewinnrücklagen eingestellt, wenn die X-AG eine maximale Ausschüttung anstrebt?

Lösung

Wird eine maximale Ausschüttung angestrebt, so verzichtet die Gesellschaft auf die Bildung der anderen Gewinnrücklagen und weist einen Bilanzgewinn in Höhe von 950.000 EUR aus.

2.2.3 Übung zur stillen Selbstfinanzierung (III)

Die Y-AG verfügt über ein Grundkapital von 10.000.000 EUR. Während sich die Position der gesetzlichen Rücklage auf 1.200.000 EUR und die der anderen Gewinnrücklagen auf 400.000 EUR beläuft, beträgt die Kapitalrücklage 100.000 EUR und der Jahresüberschuss 1.000.000 EUR.

Frage 1
Welcher Betrag muss in die gesetzliche Rücklage eingestellt werden?

Lösung

Die Summe aus gesetzlicher Rücklage und Kapitalrücklage weist bereits über 10% des Grundkapitals auf. Es muss daher keine neue gesetzliche Rücklage gebildet werden.

Frage 2
Wie hoch ist der maximale Betrag, der in die Bilanzposition der "anderen Gewinnrücklagen" eingestellt werden kann?

Lösung

Da keine gesetzliche Rücklage gebildet wurde, kann maximal die Hälfte des Jahresüberschusses, d.h. 500.000 EUR in die Bilanzposition der anderen Gewinnrücklagen eingestellt werden.

Frage 3
Welcher Betrag wird in die Gewinnrücklagen eingestellt, wenn die Y-AG eine maximale Ausschüttung anstrebt?

Lösung

Wird eine maximale Ausschüttung angestrebt, so verzichtet die Y-AG auf die Bildung der anderen Gewinnrücklagen und weist einen Bilanzgewinn in Höhe von 1.000.000 EUR aus.

2.2.4 Übung zum Kapazitätserweiterungseffekt (I)

Sie sind Unternehmer, wollen ein neues Produkt herstellen und kaufen daher zwei Maschinen zu je EUR 3.000, die linear abgeschrieben werden sollen. Sie gehen davon aus, dass die neuen Maschinen jeweils 3 Jahre genutzt werden können. Da Sie eine steigende Nachfrage nach den Produkten erwarten, beabsichtigen Sie eine Ausweitung des Maschinenbestandes, wobei Sie zur Finanzierung dieser Maschinen weder zusätzliches Fremd- noch Eigenkapital aufnehmen möchten. Vielmehr streben Sie eine Ausnutzung des Kapazitätserweiterungseffekts an.

Frage 1
Mit welchem Maschinenbestand können Sie zu Beginn des 6. Jahres rechnen, wenn der Kapazitätserweiterungseffekt voll genutzt wird und dabei gleichbleibende Preise für die Maschinenbeschaffung unterstellt werden? Nutzen Sie die folgende Vorlage:

Jahr	Jahresanfang		Jahresende		
	Anschaf-fungskosten	Maschinen (Stück)	Abschrei-bungen	Inv.-summe	Kasse
1					
2					
3					
4					
5					
6					

Lösung

Jahr 1 Zu Beginn des ersten Jahres investieren Sie 6.000 EUR in den Kauf der beiden neuen Maschinen. Diese werden linear über drei Jahre abgeschrieben, so dass am Ende des ersten Jahres pro Maschine Abschreibungsgegenwerte in Höhe von

$$3.000 \text{ EUR} \div 3 = 1.000 \text{ EUR}$$

erwartet werden können. Da eine neue Maschine 3.000 EUR kostet und Sie nur in ganzzahlige Stückzahlen investieren können, reichen die Abschreibungsgegenwerte also nicht aus, um eine zusätzliche Maschine zu kaufen.

Jahr 2 In das zweite Jahr Ihres Geschäftsbetriebes starten Sie weiterhin mit zwei Maschinen, die am Ende des Jahres erneut jeweils 1.000 EUR an Abschreibungsgegenwerten verdienen. Zusammen mit den Abschreibungsgegenwerten des Vorjahres können Sie nun eine weitere (zusätzliche) Maschine erwerben.

Jahr 3 Durch den Zukauf einer weiteren Maschine starten Sie nun mit drei Anlagen in das dritte Geschäftsjahr. Die Summe an Abschreibungsgegenwerten erhöht sich auf 3.000 EUR, so dass am Ende des dritten Jahres erneut eine weitere Maschine erworben werden kann.

Jahr 4 Da die ersten beiden (d.h. zu Beginn von Jahr 1) erworbenen Anlagen nach dreijähriger Nutzungsdauer aus dem Bestand herausfallen, verringert sich der Maschinenbestand zu Beginn des vierten Jahres trotz des Zukaufs auf

$$3 + 1 - 2 = 2$$

Maschinen. Die am Ende des Jahres vereinnahmten Abschreibungsgegenwerte reichen zusammen mit den aus den Vorjahren akkumulierten Abschreibungsgegenwerten aus, um eine weitere Maschine zu erwerben.

Jahr 5 Da keine weitere Maschine aus dem Bestand herausfällt, erhöht sich der Maschinenbestand zu Beginn des fünften Jahres auf 3 Anlagen. Die damit erzielten Abschreibungsgegenwerte können am Ende des Jahres zu einer Kapazitätserweiterung in Höhe von einer Maschine genutzt werden.

Jahr 6 Zu Beginn des sechsten Jahres fällt eine Maschine aus dem Bestand, so dass nun
$$3 + 1 - 1 = 3$$
Maschinen im Einsatz sind.

Jahr	Jahresanfang		Jahresende		
	Anschaf- fungskosten	Maschinen (Stück)	Abschrei- bungen	Inv.- summe	Kasse
1					
2					
3					
4					
5					
6					

Frage 2

Wie groß ist der Kapazitätserweiterungsfaktor und wie lässt sich
dieser Wert interpretieren?

Lösung

Der Kapazitätserweiterungsfaktor beträgt:

$$KEF = \frac{2n}{n+1} =$$

Auf lange Sicht wird sich der Maschinenbestand durch Ausnutzung
des Kapazitätserweiterungsfaktors also um den Faktor 1,5 erhöhen.
Das bedeutet eine Ausweitung auf

Maschinen.

2.2.5 Übung zum Kapazitätserweiterungseffekt (II)

Der neu gegründeten und in Aschaffenburg ansässigen AB-in-den-Garten-GmbH fließen zu Beginn des Jahres 2019 liquide Mittel i.H.v. 40.000 EUR zu, die zum Erwerb von zwei solarbetriebenen Rasenmähertraktoren der Marke "Solar-Cut" dienen, mit deren Hilfe die AB-in-den-Garten-GmbH als innovatives Gartenbauunternehmen Fuß fassen möchte. Die Geräte gleichen Typs werden nach und nach, d.h. jeweils zu Beginn der ersten beiden Jahre der Unternehmenstätigkeit erworben und über vier Jahre linear abgeschrieben. Die Abschreibungsgegenwerte werden am Ende eines Jahres (soweit sie ausreichen) in Rasenmähertraktoren gleicher Technik, gleicher Nutzungsdauer und gleicher Wiederbeschaffungskosten reinvestiert.[2]

Frage 1
Zeigen Sie, wie sich die Periodenkapazität der AB-in-den-Garten-GmbH in den einzelnen Jahren verändert und nutzen Sie dafür die folgende Vorlage:

---

[2]In Anlehnung an Bieg et al: „Finanzierung in Übungen", Vahlen Verlag.

| Jahr | Jahresanfang | | Jahresende | | |
	Anschaf-fungskosten	Maschinen (Stück)	Abschrei-bungen	Inv.-summe	Kasse
2019					
2020					
2021					
2022					
2023					
2024					
2025					
2026					
2027					
2028					

Lösung

Eine Maschine kostet

$$40.000 \text{ EUR} \div 2 = 20.000 \text{ EUR}$$

und lässt pro Jahr Abschreibungsgegenwerte in Höhe von

$$20.000 \text{ EUR} \div 4 = 5.000 \text{ EUR}$$

erwarten. Die beiden durch die Startinvestition in Höhe von 40.000 EUR erworbenen Maschinen (nennen wir sie A und B) werden nacheinander, d.h. zu Beginn des Jahres 2019 (Maschine A) und zu Beginn des Jahres 2020 (Maschine B) gekauft. Am Ende des zweiten

Jahres haben sich somit Abschreibungsgegenwerte von 15.000 EUR akkumuliert. Auch zu Beginn des Jahres 2021 sind A und B im Maschinenbestand und erzielen über das Jahr Abschreibungsgegenwerte von zusammen 10.000 EUR. Damit kann zu Beginn des Jahres 2022 in eine weitere Anlage investiert werden (Maschine C). Es sind nun also drei Maschinen im Bestand (A, B und C), die am Ende des Jahres Abschreibungsgegenwerte von 15.000 EUR verdienen. Zusammen mit den aus dem Vorjahr akkumulierten Abschreibungsgegenwerten von 5.000 EUR kann am Ende des Jahres 2022 folglich eine weitere Maschine gekauft werden. Da zum gleichen Zeitpunkt die Maschine A aus dem Bestand fällt (schließlich ist sie bereits vier Jahre in Betrieb), nennen wir die neue erworbene Anlage auch Maschine A'. Somit befinden sich zu Beginn des Jahres 2023 immer noch drei Maschinen im Bestand und zwar Anlagen A', B und C. Setzt man diese Logik weiter fort, ergibt sich auch zu Beginn des Jahres 2028 ein Maschinenbestand von drei Anlagen (A",B' und C').

Frage 2

Wie hoch ist der Bestand an Rasenmähertraktoren zu Beginn des Jahres 2029?

Lösung

Am Ende des Jahres 2028 kann durch verdiente Abschreibungsgegenwerte eine weitere Maschine erworben werden. Da gleichzeitig die Maschine B' aus dem Bestand fällt, sind zu Beginn des Jahres 2029 also

$$3$$

Maschinen im Einsatz und zwar A", B" und C'.

2.3 Weitere Übungsaufgaben

2.3.1 Aufgabe 1

Die AB-AG verfügt über einen Maschinenpark von 200 neuen Maschinen. Jede der Maschinen hatte einen Kaufpreis von 1.000 EUR, kann über 10 Jahre genutzt werden und wird linear abgeschrieben. Es wird beabsichtigt, die Abschreibungsaufwendungen vollständig zur Kapazitätserweiterung einzusetzen. Wie entwickelt sich der Maschinenpark über die nächsten 30 Jahre, wenn davon ausgegangen werden kann, dass der Maschinenpreis konstant bleibt? Gerne können Sie zum Lösen dieser Aufgabe auf ein Tabellenkalkulationsprogramm, wie z.B. MS Excel © zurückgreifen!

2.3.2 Aufgabe 2

Der Unternehmer X will ein neues Produkt herstellen. Er kauft daher 4 Maschinen zu je EUR 10.000, die eine Nutzungsdauer von jeweils 5 Jahren haben und linear abgeschrieben werden sollen. Aufgrund einer zu erwartenden steigenden Nachfrage nach den Produkten beabsichtigt X einer Erhöhung des Maschinenbestandes. Zur Finanzierung dieser Maschinen will X weder zusätzliches Fremd- noch Eigenkapital aufnehmen, sondern den Kapazitätserweiterungseffekt ausnutzen. Wie groß ist der Maschinenbestand zu Beginn des 8. Jahres, wenn der Kapazitätserweiterungseffekt voll genutzt wird und dabei gleichbleibende Preise für die Maschinenbeschaffung unterstellt werden? Benutzen Sie folgende Vorlage:

| Jahr | Jahresanfang | | Jahresende | | Kasse |
	Anschaf-fungskosten	Maschinen (Stück)	Abschrei-bungen	Inv.-summe	
1					
2					
3					
4					
5					
6					
7					
8					

2.3.3 Aufgabe 3

Die MIL-AG investiert in 10 Maschinen zu je 1.000 EUR, die eine Nutzungsdauer von jeweils 5 Jahren haben und linear abgeschrieben werden sollen. Aufgrund einer zu erwartenden Nachfragesteigerung nach den auf diesen Maschinen hergestellten Produkten strebt die MIL-AG eine Erhöhung des Maschinenbestandes an. Zur Finanzierung der zusätzlichen Maschinen soll weder zusätzliches Fremd- noch Eigenkapital aufgenommen werden. Vielmehr beabsichtigt die MIL-AG die Ausnutzung des Kapazitätserweiterungseffekts.

1. Wie groß ist der Maschinenbestand zu Beginn des elften Jahres, wenn gleichbleibende Preise für die Maschinenbeschaffung unterstellt werden? Benutzen Sie folgende Vorlage:

Jahr	Jahresanfang		Jahresende		Kasse
	Anschaf- fungskosten	Maschinen (Stück)	Abschrei- bungen	Inv.- summe	
1					
2					
3					
4					
5					
6					
7					
8					
9					
10					
11					

2. Berechnen Sie den Kapazitätserweiterungsfaktor und interpretieren Sie das Ergebnis!

2.3.4 Aufgabe 4

Die AB-AG ist im Rechtsstreit mit einem Wettbewerber hinsichtlich der Nutzung eines ähnlichen Logos. Für die voraussichtlichen Prozesskosten wurde im letzten Geschäftsjahr (2018) eine Rückstellung in Höhe von 375.000 EUR gebildet. Im laufenden Geschäftsjahr 2019 ergeht ein Urteil und die AB-AG erhält einen Bescheid über zu zahlende Prozesskosten i.H.v. 261.000 EUR. Im Geschäftsjahr 2018 hat die AB-AG einen Jahresüberschuss vor Bildung der Rückstellungen und Steuern in Höhe von 5 Mio. EUR erzielt. Ihr Ertragsteuersatz sei 30%.[3]

1. Welche Finanzierungswirkung wurde in 2018 mit Hilfe der Rückstellungen erzielt?

2. Welche Finanzierungswirkung ergibt sich daraus auf das Jahr 2019?

2.3.5 Aufgabe 5

Die AB-AG erwirtschaftet einen Gewinn vor Ertragsteuern i.H.v. 10 Mio. EUR. Der Ertragsteuersatz beläuft sich auf 39,9%. Die Geschäftsführung spielt mit dem Gedanken einer Führungskraft erstmalig eine Pensionszusage i.H.v. 10.000 EUR p.a. zu erteilen.[4]

Wie hoch ist der Finanzierungseffekt für das aktuelle Geschäftsjahr?

2.3.6 Aufgabe 6

Die Bilanz der Z-AG weist zu Beginn eines Geschäftsjahres folgende Bestände aus:

- Grundkapital 500 Mio. EUR

- Kapitalrücklage 200 Mio. EUR

- Gesetzliche Rücklage: 5 Mio. EUR

- Andere Gewinnrücklage: 100 Mio. EUR

---

[3] In Anlehnung an Hufnagel, W.: „Übungsbuch Investition und Finanzierung", nwb Studium.

[4] In Anlehnung an Hufnagel, W.: „Übungsbuch Investition und Finanzierung", nwb Studium.

Im Laufe des Geschäftsjahres emittiert die Z-AG 10 Millionen junge Aktien mit einem Nennwert von 6 EUR zu einem Emissionspreis in Höhe von 9 EUR. In dem Geschäftsjahr wird ein Jahresüberschuss nach Steuern von 20 Mio. EUR erzielt, der zu gleichen Teilen einbehalten bzw. als Dividende ausgeschüttet werden soll.

1. Welche Werte nehmen die genannten Bilanzpositionen zu Beginn des nächsten Geschäftsjahres an?

2. Wie hoch ist in diesem Geschäftsjahr das Finanzierungspotential der offenen Selbstfinanzierung, der Beteiligungsfinanzierung, der Eigenfinanzierung, der Innen- und der Außenfinanzierung?

3. Wie ändert sich im Laufe dieses Geschäftsjahres der Gewinnthesaurierungsspielraum der Z-AG?

2.3.7 Aufgabe 7

Die THAB-AG kauft 5 Maschinen im Wert von je 5.000 EUR, die eine Nutzungsdauer von jeweils 5 Jahren haben und linear abgeschrieben werden sollen. Wie viele Maschinen hat das Unternehmen jeweils zu Beginn der nächsten acht Jahre im Bestand, wenn der Kapazitätserweiterungseffekt voll genutzt wird und dabei gleichbleibende Preise für die Maschinenbeschaffung unterstellt werden? Benutzen Sie folgende Vorlage:

| Jahr | Jahresanfang | Jahresende | | Kasse |
	Maschinen (Stück)	Abschreibungen	Inv.-summe	
1				
2				
3				
4				
5				
6				
7				
8				

2.3.8 Aufgabe 8

Die THAB-AG erwirtschaftet vor Abzug der Pensionsrückstellungen
und Ertragsteuern einen Bruttogewinn in Höhe von 1.000.000 EUR.
Der Ertragsteuersatz beläuft sich auf 30 %.

1. Wie hoch ist der Finanzierungseffekt der THAB-AG, wenn das
   Unternehmen Pensionsrückstellungen über 400.000 EUR bildet
   und den gesamten Jahresüberschuss (d.h. Gewinn nach Pensionsrückstellungen und Steuern) einbehält?

2. Wie ändert sich das Ergebnis der Teilaufgabe 1), wenn die
   THAB-AG den gesamten Jahresüberschuss (d.h. Gewinn nach
   Pensionsrückstellungen und Steuern) als Dividende ausschüt-
   tet?

Nutzen Sie zur Beantwortung der Fragen die folgenden Vorlagen:

1) Gewinneinbehaltung	Ohne Rückstg.	Mit Rückstg.
Bruttogewinn		
- Pensionsrückstellungen		
Zu versteuernder Gewinn		
- Ertragssteuern		
Jahresüberschuss		
Gewinneinbehaltung		
Innenfinanzierung durch...		
... Gewinneinbehaltung		
... Rückstellungen		
Innenfinanzierungspotential		

2) *Ausschüttung*	Ohne Rückstg.	Mit Rückstg.
Bruttogewinn		
- Pensionsrückstellungen		
Zu versteuernder Gewinn		
- Ertragssteuern		
Jahresüberschuss		
Gewinneinbehaltung		
Innenfinanzierung durch...		
... Gewinneinbehaltung		
... Rückstellungen		
Innenfinanzierungspotential		

2.4 Lösungen

Aufgabe 1

| Jahr | Jahresanfang | Jahresende | | |
	Maschinen (Stück)	Abschrei-bungen	Inv.-summe	Kasse
1	200	20.000	20.000	0
2	220	22.000	22.000	0
3	242	24.200	24.000	200
4	266	26.600	26.000	800
5	292	29.200	30.000	0
6	322	32.200	32.000	200
7	354	35.400	35.000	600
8	389	38.900	39.000	500
9	428	42.800	43.000	300
10	471	47.100	47.000	400
11	318	31.800	32.000	200
12	330	33.000	33.000	200
13	341	34.100	34.000	300
14	351	35.100	35.000	400
15	360	36.000	36.000	400
16	366	36.600	37.000	0
17	371	37.100	37.000	100
18	373	37.300	37.000	400
19	371	37.100	37.000	500
20	365	36.500	37.000	0
21	355	35.500	35.000	500
22	358	35.800	36.000	300

23	361	36.100	36.000	400
24	363	36.300	36.000	700
25	364	36.400	37.000	100
26	365	36.500	36.000	600
27	364	36.400	37.000	0
28	364	36.400	36.000	400
29	363	36.300	36.000	700
30	362	36.200	36.000	900

Aufgabe 2

Jahr	Jahresanfang		Jahresende		
	Anschaf-fungskosten	Maschinen (Stück)	Abschrei-bungen	Inv.-summe	Kasse
1	40.000	4	8.000	–	8.000
2		4	8.000	10.000	6.000
3		5	10.000	10.000	6.000
4		6	12.000	10.000	8.000
5		7	14.000	20.000	2.000
6		5	10.000	10.000	2.000
7		6	12.000	10.000	4.000
8		6	12.000	10.000	6.000

Aufgabe 3

Jahr	Jahresanfang		Jahresende		
	Anschaffungskosten	Maschinen (Stück)	Abschreibungen	Inv.-summe	Kasse
1	10.000	10	2.000	2.000	
2		12	2.400	2.000	400
3		14	2.800	3.000	200
4		17	3.400	3.000	600
5		20	4.000	4.000	600
6		14	2.800	3.000	400
7		15	3.000	3.000	400
8		16	3.200	3.000	600
9		16	3.200	3.000	800
10		16	3.200	4.000	
11		16			

$$KEF = \frac{2n}{n+1} = \frac{2 \cdot 5}{5+1} = \frac{10}{6} = 1,67$$

Aufgabe 4

1. Finanzierungswirkung in Höhe der Ertragsteuerminderung von 112.500 EUR.

2. Das Auflösen der Rückstellungen in Höhe von 114.000 EUR verursacht ggf. eine Erhöhung der Ertragsteuerbelastung im Jahr 2019.

Aufgabe 5

Finanzierungswirkung in Höhe der Steuerersparnis von 3.990 EUR.

Aufgabe 6

1. Grundkapital: 560 Mio. EUR, Kapitalrücklage: 230 Mio. EUR, Gesetzliche Rücklage: 5 Mio. EUR, Andere Gewinnrücklage:

110 Mio. EUR

2. Offene Selbstfinanzierung: 10 Mio. EUR, Beteiligungsfinanzierung: 90 Mio. EUR, Eigenfinanzierung: 100 Mio. EUR, Innenfinanzierung: 10 Mio. EUR, Außenfinanzierung: 90 Mio. EUR

3. Vorher: 150 Mio. EUR, nachher: 170 Mio. EUR

Aufgabe 7

Jahr	Jahresanfang	Jahresende		
	Maschinen (Stück)	Abschreibungen	Inv.-summe	Kasse
1	5 A,B,C,D,E	5.000	5.000	
2	6 A,B,C,D,E,F	6.000	5.000	1.000
3	7 A,B,C,D,E,F,G	7.000	5.000	3.000
4	8 A,B,C,D,E,F,G,H	8.000	10.000	1.000
5	10 A,B,C,D,E,F,G,H,I,J	10.000	10.000	1.000
6	7 F,G,H,I,J,K,L	7.000	5.000	3.000
7	7 G,H,I,J,K,L,M	7.000	10.000	
8	8 H,I,J,K,L,M,N,O			

Aufgabe 8

1. Durch die Bildung der Pensionsrückstellungen entsteht ein Finanzierungseffekt über 120.000 EUR, der auf eine Steuerersparnis zurückzuführen ist:

1) **Gewinneinbehaltung**	Ohne Rückstg.	Mit Rückstg.
Bruttogewinn	1.000.000	1.000.000
- Pensionsrückstellungen	0	400.000
Zu versteuernder Gewinn	1.000.000	600.000
- Ertragssteuern	300.000	180.000
Jahresüberschuss	700.000	420.000
Gewinneinbehaltung	700.000	420.000
Innenfinanzierung durch...		
... Gewinneinbehaltung	700.000	420.000
... Rückstellungen	0	400.000
Innenfinanzierungspotential	700.000	820.000

2. Durch die Bildung der Pensionsrückstellungen entsteht ein Finanzierungseffekt über 400.000 EUR, der zum einen auf eine Steuerersparnis (120.000 EUR) und zum anderen auf ausbleibende Ausschüttungen (280.000 EUR) zurückzuführen ist:

2) **Ausschüttung**	Ohne Rückstg.	Mit Rückstg.
Bruttogewinn	1.000.000	1.000.000
- Pensionsrückstellungen	0	400.000
Zu versteuernder Gewinn	1.000.000	600.000
- Ertragssteuern	300.000	180.000
Jahresüberschuss	700.000	420.000
Gewinneinbehaltung	0	0
Innenfinanzierung durch...		
... Gewinneinbehaltung	0	0
... Rückstellungen	0	400.000
Innenfinanzierungspotential	0	400.000

3 Außenfinanzierung

*Einer Straßenbahn und einer Aktie darf man nicht nach-
laufen. Nur Geduld: Die nächste kommt bestimmt!*

A. Kostolany, 1906 - 1999, Börsenexperte

3.1 Das Wichtigste in aller Kürze

In Kapitel drei beschäftigen wir uns mit zwei zentralen Formen der
Außenfinanzierung: der Beteiligungsfinanzierung (Kapitel 3.1) und
der Kreditfinanzierung (Kapitel 3.2). Beiden Finanzierungsarten ist
gemein, dass frisches Kapital von außen zufließt, d.h. dass finanzielle Mittel dem Unternehmen über Finanzierungsmärkte (Kapitalgeber) zur Verfügung gestellt werden. Ihr wesentlicher Unterschied
ist indes in der Rechtsstellung der Kapitalgeber zu sehen. Während
Kapitalgeber aus rechtlicher Sicht bei der Beteiligungsfinanzierung
als (Mit-)Eigentümer des betreffenden Unternehmens auftreten (Eigenfinanzierung), sind sie bei der Kreditfinanzierung Gläubiger und
insbesondere keine Anteilseigner (Fremdfinanzierung).

3.1.1 Beteiligungsfinanzierung

Mit Public und Private Equity gibt es aus Sicht eines Unternehmens grundsätzlich zwei unterschiedliche Arten der Eigenkapitalfi-
nanzierung. Unter Private Equity versteht man die Finanzierungs-
möglichkeit in Form außerbörslichen Beteiligungskapitals. Mit anderen Worten investieren Anleger dabei in das Eigenkapital nicht-
börsennotierter Unternehmen. Anders bei Public Equity: Hier geben
börsennotierte Unternehmen weitere Anteilsscheine (also z.B. Akti-
en) aus und erhöhen damit ihr gezeichnetes Kapital. Dieser - auch als
Kapitalerhöhung bezeichnete Vorgang - muss von einer 3/4-Mehrheit
der Hauptversammlung beschlossen werden und steht im Zentrum
von Kapitel 3.1. Ausgehend von vier unterschiedlichen Arten einer

Kapitalerhöhung setzen wir uns zunächst mit der sogenannten "ordentlichen Kapitalerhöhung" auseinander. Dabei gibt ein Unternehmen bspw. zur Finanzierung großer Investitionsprojekte neue (man sagt auch junge) Aktien aus, wobei die bisherigen (Alt)Aktionäre zur Vermeidung sogenannter Verwässerungseffekte entsprechend ihrer bisherigen Beteiligung mit Bezugsrechten ausgestattet werden. Diese Bezugsrechte stellen eine Art Vorkaufsrecht dar und können von den Altaktionären vollständig bzw. teilweise ausgeübt (d.h. in Anspruch genommen) werden oder aber vollständig bzw. teilweise an der Börse verkauft werden. Im Rahmen einer Kapitalerhöhung legt das emittierende Unternehmen nicht nur den Ausgabekurs K_j (man sagt auch Emissionskurs) fest, sondern bestimmt auch das Verhältnis, zu dem Bezugsrechte zum Kauf neuer Aktien berechtigen. Dieses sogenannte Bezugsverhältnis b errechnet sich als Verhältnis aus der Anzahl der Altaktien (n_a) und der Anzahl der neu ausgegeben jungen Aktien (n_j), d.h. es gilt:

$$b = \frac{n_a}{n_j}$$

Das Bezugsverhältnis bestimmt den rechnerischen Wert eines Bezugsrechts und wird mit

$$BR = \frac{K_a - K_j}{b + 1}$$

ermittelt, wobei K_a den Aktienkurs der Altaktien beschreibt. Alternativ hierzu kann der Wert eines Bezugsrechts auch unter Zuhilfenahme des rechnerischen Aktienkurses nach der Kapitalerhöhung (K_M) mit

$$K_M = \frac{K_a \cdot n_a + K_j \cdot n_j}{n_a + n_j}$$

bestimmt werden. In diesem Fall gilt:

$$BR = K_a - K_M$$

Sind die neuen Aktien mit einem Dividendennachteil DN versehen und nicht voll dividendenberechtigt, so muss die oben genannte Formel leicht angepasst und um den Dividendennachteil korrigiert werden:

$$BR = \frac{K_a - (K_j + DN)}{b + 1}$$

Wir haben im Rahmen der Vorlesung gezeigt, dass die Vermögensposition eines Altaktionärs durch die Kapitalerhöhung nicht verändert
wird. Unabhängig davon, ob er seine Bezugsrechte ausübt oder sie
verkauft - seine Vermögensposition bliebt davon unberührt. Genau-
so verhält es sich, wenn der Altaktionär im Sinne einer sogenannten
"Opération Blanche" vorgeht und genau so viele Bezugsrechte verkauft (v), dass er mit deren Erlös die restlichen ihm verbliebenen
Bezugsrechte ausüben und dadurch neue Aktien ohne weiteren Kapitaleinsatz erwerben kann. Sei n die Anzahl der Altaktien so gilt
schließlich:

$$v \cdot BR = \frac{n - v}{b} \cdot K_j$$

Die linke Seite der Gleichung stellt den Erlös aus der Veräußerung
von v Bezugsrechten dar, während die rechte Seite den Preis der
neu erworbenen jungen Aktien zum Ausdruck bringt, die mit den
verbliebenen Bezugsrechten noch gekauft werden können.

Neben der ordentlichen Kapitalerhöhung gehen wir gegen Ende des
Kapitels auf drei weitere Formen dieser Art der Beteiligungsfinanzierung ein:

- Nominelle Kapitalerhöhung (Kapitalerhöhung aus Gesellschaftsmitteln):
  Hier erfolgt lediglich eine Kapitalumschichtung, d.h. eine Um-
  wandlung von Kapital- bzw. Gewinnrücklagen in Grundkapital. Insbesondere fließen dem Unternehmen keine neuen Mittel
  zu.

- Genehmigtes Kapital:
  Ermächtigung des Vorstands zur Durchführung einer Kapitalerhöhung innerhalb der nächsten fünf Jahre.

- Bedingte Kapitalerhöhung:
  Erhöhung des Grundkapitals erfolgt nur dann, wenn Berech-
  tigte zu bestimmten Gelegenheiten von ihrem Umtausch- bzw.
  Bezugsrecht Gebrauch machen (z.B. bei Mitarbeiteraktien oder
  im Zuge von Wandel- oder Optionsanleihen).

3.1.2 Kreditfinanzierung

Im zweiten Teil des Kapitels beschäftigen wir uns mit der Kreditfinanzierung, die nach vier unterschiedlichen Kriterien systematisiert
werden kann:

1. Nach der Fristigkeit der Kreditbeziehung

2. Nach der Mittelbereitstellung:
   Während der Kreditgeber bei der Geldleihe Zahlungsmittel zur
   Vefügung stellt, verleiht er bei der Kreditleihe seinen guten
   Namen, d.h. seine Bonität (z.B. im Rahmen einer Bürgschaft
   bzw. einer Garantie).

3. Nach den zu Grunde gelegten Sicherheiten:
   Wir unterscheiden Sicherheiten in zwei Dimensionen:

   a) Personal- bzw. Sachsicherheiten: Während bei Personalsi-
      cherheiten ein persönlicher Anspruch des Sicherungsneh-
      mers gegen den Sicherungsgeber besteht, sind Sach- bzw.
      Realsicherheiten durch einen dinglichen Anspruch charak-
      terisiert, z.B.in Form eines Grundstücks oder einer Immo-
      bilie.

   b) Fiduziarische bzw. akzessorische Sicherheiten: Akzessori-
      sche Sicherheiten sind in Bestand und Höhe von der ver-
      bürgten Forderung abhängig. Fiduziarische Sicherheiten
      bleiben hingegen bestehen, auch dann, wenn die Forde-
      rung bereits erloschen ist.

4. Nach dem Kreditgeber:
   Das Systematisierungskriterium des Kreditgebers steht im Zentrum dieses Kapitels. Grundsätzlich unterscheiden wir drei Arten des Kreditgebers:

   a) Banken und Kreditinstitute: Die Kreditentscheidung ist
      ein elementarer bankeninterner Prozess, der aus drei Säu-
      len besteht. Zum einen ist dies die Kreditwürdigkeit des
      Kreditnehmers, die von den Banken anhand quantitati-
      ver (z.B. Kennzahlen aus Jahresabschlüssen) sowie quali-
      tativer Faktoren (z.B. die Beurteilung des Managements)
      bewertet wird. Zum anderen fußt die Kreditentscheidung
      auch auf dem Wert der Sicherheit sowie auf dem Renta-
      bilitätspotential für die Bank.

   b) Absatz- bzw. Handelskredite: Diese Form der Kredite stel-
      len alle Finanzierungsvorgänge dar, die in direktem Zu-
      sammenhang mit dem Absatz von Gütern und Leistungen
      stehen (z.B. Kundenanzahlung und Lieferantenkredit).

c) Gläubigerpapiere: Dies sind Papiere, die Fremdkapitalansprüche verbriefen und in der Regel zwischen einer größeren Zahl anonymer Gläubiger auf einem Finanzmarkt (z.b. an einer Börse) gehandelt werden, wie beispielsweise verschiedene Formen sogenannter Anleihen (Unternehmens- und Staatsanleihen). Der Inhaber einer Anleihe (Käufer bzw. Gläubiger) überlässt dabei dem Emittenten (d.h. dem Aussteller der Anleihe) für eine bestimmte Zeit einen bestimmten Geldbetrag und hat ihm gegenüber einen schuldrechtlichen Anspruch auf Zins- und Tilgungszahlungen. Beim Kauf einer Anleihe fallen in der Regel sogenannte *Stückzinsen* an. Dabei handelt es sich um die zwischen der letzten Zinsausschüttung und dem Verkaufstag der Anleihe anfallenden Zinsen, die zum Zeitpunkt des Kaufs vom Anleihekäufer an den Verkäufer gezahlt werden müssen. Börsenkurse von Anleihen sind sogenannte Clean Prices, sie drücken also den Anleihepreis ohne anfallende Stückzinsen aus (man sagt auch "ex Kupon").

Zur Vergleichbarkeit von Anleihen muss die Höhe des Kupons (d.h. der Zinszahlung) und der Preis der Anleihe ebenso Berücksichtigung finden wie die Laufzeit und die Bonität des Emittenten. Die ersten drei Faktoren (Kupon, Laufzeit und Preis) können zu einer Kennzahl aggregiert werden, der sogenannten *Effektivverzinsung*. Dabei handelt es sich um den Zinssatz mit dem Zahlungsströme der Anleihe diskontiert werden müssen, um den aktuellen Marktpreis der Anleihe zu erhalten. In der Vorlesung haben wir gezeigt, dass der Effektivzinssatz einer klassischen festverzinslichen Anleihe nur dann exakt ermittelt werden kann, wenn eine maximal zweijährige Restlaufzeit vorliegt. Ebenso ist die genaue Berechnung im Falle von Nullkuponanleihen oder bei ewigen Anleihen mit konstantem Kupon möglich. In allen anderen Fällen müssen wir die Höhe des Effektivzinssatzes mit Hilfe folgender Formel abschätzen

$$i_{eff} \sim \frac{c + \frac{N-P}{T}}{P},$$

wobei gilt:

- c: Kupon (in EUR)
- N: Nominalwert (in EUR)
- P: Aktueller Kurs (Preis) der Anleihe (in EUR)
- T: Laufzeit (in Jahren)

Die Bonität des Emittenten, wird in der Regel durch eine unabhängige Institution bewertet (z.B. durch Ratingagenturen wie Standard & Poor's bzw. Moody's) und zu einer einzigen Kennziffer, dem sogenannten Rating, verdichtet. Je nach Agentur lassen sich verschiedene Notensysteme bzw. Ratingklassen unterscheiden. Vorteile dieser Art der Bewertung des Ausfallrisikos sind:

i. Übersichtliche Darstellung der Riskoeinstufungen

ii. Fortlaufende Überwachung durch Ratingagenturen (Signal- und Frühwarnfunktion)

iii. Kosten- und Zeitvorteil (Ratings sind für Anleger in der Regel kostenlos verfügbar)

iv. Ratingagenturen verwerten auch nicht-öffentliche Unternehmensinformationen, auf die der Anleger ansonsten keinen Zugriff hätte

Trotz dieser Vorteile sind Ratingagenturen auch vehementer Kritik ausgesetzt, da sie geheime und intransparente Bewertungsmodelle anwenden, über oligopolistische Marktstelllungen verfügen, für fehlerhafte Ratings i.d.R. nicht bzw. nur sehr schwer haftbar gemacht werden können und ihnen insbesondere während der Finanzkrise historische Fehleinschätzungen unterlaufen sind.

3.2 Übungsaufgaben mit Lösungsvorlagen

3.2.1 Übung zur Kapitalerhöhung (I)

Die ABURG Aktiengesellschaft plant die Übernahme eines Produktionsbetriebes in Goldbach zu 400 Mio. EUR. Die Mittel sollen zu 37,5 % durch eine Kapitalerhöhung aufgebracht werden. Der Rest ist zu günstigen Bedingungen über langfristige Kredite finanzierbar. Die Bilanz der ABURG AG hat folgendes Aussehen (in Mio. EUR):

Aktiva		Passiva	
Anlagevermögen	1.012,0	Gezeichnetes Kapital	300,0
Umlaufvermögen	1.060,5	Kapitalrücklage	0
Bankguthaben	56,5	Gewinnrücklagen	
		- Gesetzliche	25,0
		- Andere	150,0
		Verbindlichkeiten	1.654,0
Bilanzsumme	2.129,0	Bilanzsumme	2.129,0

Die alten Aktien der ABURG AG (Nennwert 50 EUR) notieren gegenwärtig bei 200 EUR. Es ist nicht davon auszugehen, dass sich der Kurs in absehbarer Zeit verändert.

Frage 1
Welche Überlegungen spielen bei der Festsetzung des Emissionskurses junger Aktien eine Rolle?

Lösung

-

-

-

-

Frage 2
Angenommen, die neuen Aktien können zu einem Kurs von 125 EUR untergebracht werden. Wie lautet das Bezugsverhältnis?

Lösung

Zur Berechnung des Bezugsverhältnisses greifen wir auf die Formel $b = \frac{n_a}{n_j}$ zurück:

- Anzahl der Altaktien:
  Wie wir aus der Vorlesung wissen setzt sich das gezeichnete Kapital (siehe Bilanz) aus dem Nennwert und der Anzahl der ausgegebenen Aktien zusammen, d.h.:

  In unserem Fall entspricht die Aktienanzahl der Anzahl der Altaktien n_a, so dass gilt:

- Anzahl der jungen Aktien:
  Der durch die Kapitalerhöhung zu deckende Kapitalbedarf beträgt

  Wird eine neue Aktie zu 125 EUR emittiert, müssen demnach zur Erreichung dieses Ziels

  neue Aktien ausgegeben werden.

Für das gesuchte Bezugsverhältnis gilt damit:

Jeder Altaktionär kann somit für 5 Bezugsrechte eine junge Aktie zu 125 EUR beziehen.

Frage 3

Wie hoch ist der rechnerische Wert des Bezugsrechts und welcher (Misch-) Kurs der Aktie wird sich rechnerisch nach der Kapitalerhöhung an der Börse ergeben für den Fall, dass die jungen Aktien für das laufende Geschäftsjahr voll dividendenberechtigt sind?

Lösung

Der Mischkurs K_M berechnet sich gemäß

$$K_M = \frac{K_a \cdot n_a + K_j \cdot n_j}{n_a + n_j}$$

Somit gilt für den rechnerischen Wert des Bezugsrechts:

$$BR = K_a - K_M$$

Alternativ hierzu hätte der Wert des Bezugsrechts auch über

$$BR = \frac{K_a - K_j}{b + 1}$$

ermittelt werden können.

Exkurs: Dividendennachteil

Der Dividendennachteil entsteht, wenn eine Aktie im laufenden Geschäftsjahr erworben und für den unterjährigen Zeitraum der Kapitalbereitstellung keine Dividende ausgeschüttet wird. Unter den Annahmen, dass

- das Bilanzjahr dem Kalenderjahr entspricht,

- die jungen Aktien am 1.4. des Jahres ausgegeben werden,

- und im aktuellen Bilanzjahr eine Dividende von $D = 100$ EUR pro Aktie erwartet wird,

könnten die jungen Aktien also auch nur für neun Monate (d.h.
1.4.-31.12. des aktuellen Jahres) dividendenberechtigt sein. Ist dies
der Fall, wären die jungen Aktien mit einem Dividennachteil DN
versehen, in Höhe von

Der Dividendennachteil wird durch eine Vergünstigung beim Bezugsrecht ausgeglichen, für dessen Berechnung wir die bekannte Formel
leicht modifizieren müssen:

$$BR = \frac{K_a - (K_j + DN)}{b + 1}$$

Bezogen auf den vorliegenden Fall führt der Dividendennachteil von
drei Monaten somit zu einer Vergünstigung des Bezugsrechts auf:

Frage 4
Wie sieht die Bilanz der ABURG AG nach dem Kauf des Produktionsbetriebes aus?

Lösung

Auf der Aktivseite (die bekanntlich die Mittelverwendung zum Ausdruck bringt) erhöht sich das Anlagevermögen um

Für die Aktivseite der Bilanz gilt folglich:

Aktiva	
Anlagevermögen	1.012,0
Umlaufvermögen	1.060,5
Bankguthaben	56,5
Bilanzsumme	2.129,0

Die Finanzierung dieser Summe wird auf der Passivseite abgebildet:

- Die Kreditaufnahme in Höhe von

  führt zu einer dementsprechenden Erhöhung der Verbindlichkeiten.

- Die Kapitalerhöhung von 150.000.000 EUR wird durch die Ausgabe von 1.200.000 jungen Aktien zum Emissionspreis von 125 EUR bewerkstelligt. Sie findet bilanztechnisch in zwei Position Berücksichtigung, und zwar im gezeichneten Kapital und in der Kapitalrücklage:

  - Gezeichnetes Kapital: Hier wird der Nennwertanteil des Emissionpreises eingestellt, d.h.

  - Kapitalrücklage: Hier wird das Agio eingestellt, d.h. der Betrag, um den der Emissionspreis den Nennwert überschreitet:

Damit gilt für die Passivseite der Bilanz:

Passiva	
Gezeichnetes Kapital	300,0
Kapitalrücklage	0
Gewinnrücklagen	
- Gesetzliche	25,0
- Andere	150,0
Verbindlichkeiten	1.654,0
Bilanzsumme	2.129,0

Frage 5

Im Jahr nach der erfolgreichen Aufnahme der Produktion in Goldbach beabsichtigt die ABURG AG die Begebung von "Gratisaktien"
aus anderen Gewinnrücklagen in Höhe von 150 Mio. EUR. Die Bilanz ist gegenüber der Teilaufgabe (4) unverändert. Der Kurs der
ABURG Aktien liegt gegenwärtig bei 198 EUR.

1. Wieviele neue Aktien werden bei der nominellen Kapitalerhöhung ausgegeben?

2. Welcher rechnerische Kurs wird sich nach der Kapitalerhöhung
   für die Aktien der ABURG AG ergeben?

3. Welche Auswirkungen hat diese Maßnahme auf die Bilanz der
   ABURG AG?

Lösung

1. Die nominelle Kapitalerhöhung hat einen Umfang von
   150.000.000 EUR. Da sich der Nennwert der Aktien bei 50
   EUR befindet, werden

   neue Aktien ausgegeben.

2. Vor der nominellen Kapitalerhöhung sind

   Altaktien im Umlauf. Bei den jungen Aktien handelt es sich
   um Gratiksaktien, d.h. $K_j = 0$, so dass gilt:

$$K_M = \frac{K_a \cdot n_a + K_j \cdot n_j}{n_a + n_j}$$

3. Auf die Aktivseite hat die nominelle Kapitalerhöhung keine Auswirkung. Anders verhält sich dies mit der Passivseite, bei der ein Passivtausch zwischen den anderen Gewinnrücklage und dem gezeichnenen Kapital erfolgt. Damit gilt:

Passiva		
Gezeichnetes Kapital	300,0	360,0
Kapitalrücklage	0	90,0
Gewinnrücklagen		
- Gesetzliche	25,0	25,0
- Andere	150,0	150,0
Verbindlichkeiten	1.654,0	1.904,0
Bilanzsumme	2.129,0	2.529,0

3.2.2 Übung zur Kapitalerhöhung (II)

Die AB-AG plant die Durchführung einer ordentlichen Kapitalerhöhung, bei der dem Unternehmen frisches Kapital in Höhe von 6 Mio. EUR zufließen soll. Die Bilanz hat vor der Kapitalerhöhung folgende Gestalt (in Mio. EUR):

Aktiva		Passiva	
Anlagevermögen	30	Gezeichnetes Kapital	20
Umlaufvermögen	30	Kapitalrücklage	18
		Gewinnrücklage	2
		Verbindlichkeiten	20
Bilanzsumme	60	Bilanzsumme	60

Die Altaktien notieren gegenwärtig bei 150 EUR, die neuen Aktien werden zu 60 EUR emittiert. Der Nennwert der alten und neuen Aktien beträgt jeweils 50 EUR.

Frage 1

Wie lautet das Bezugsverhältnis der ordentlichen Kapitalerhöhung?

Lösung

Zur Ermittlung der Anzahl der Altaktien n_a greifen wir auf das gezeichnete Kapital zurück und erhalten:

Mit der Emission der neuen Aktien wird ein Mittelzufluss von 6 Mio. EUR angestrebt. Der Verkaufspreis der Aktien beträgt 60 EUR, so dass

und schließlich

gilt.

Frage 2

Wie hoch ist der rechnerische Wert des Bezugsrechts und welcher Mischkurs wird sich rechnerisch nach der Kapitalerhöhung ergeben?

Lösung

Zur Ermittlung des rechnerischen Werts eines Bezugsrechts greifen wir auf die aus der Vorlesung bekannte Formel zurück und erhalten:

Damit können wir schließlich den rechnerischen Mischkurs bestimmen, der nach der Kapitalerhöhung erwartet werden kann:

Frage 3
Wie sieht die Bilanz der AB-AG nach der Kapitalerhöhung aus?

Lösung

Der aus der Kapitalerhöhung erzielte Mittelzufluss in Höhe von 6 Mio. EUR wird mit der Kasse bzw. dem Bankguthaben verrechnet, so dass sich das Umlaufvermögen auf 36 Mio. EUR erhöht. Die Aktivseite der Bilanz hat nach der Kapitalerhöhung damit folgende Gestalt (in Mio. EUR):

Aktiva		
	vorher	nachher
Anlagevermögen	30	
Umlaufvermögen	30	
Bilanzsumme	60	

Auf der Passivseite verrechnen wir den Nennwertanteil der neuen Aktien in Höhe von 50 EUR pro Stück mit dem gezeichneten Kapital, so dass sich diese Bilanzposition um

$$50 \cdot 100.000 = 5.000.000 \ [EUR]$$

auf 25 Mio. EUR erhöht. Das Agio in Höhe von

$$60 - 50 = 10 \ [EUR]$$

findet in den Kapitalrücklage Berücksichtigung, die damit um

$$10 \cdot 100.000 = 1.000.000 \ [EUR]$$

auf 19 Mio. EUR anwächst. Die anderen Passivpositionen bleiben von der Kapitalerhöhung unberüht, so dass gilt (in Mio. EUR):

Passiva		
	vorher	nachher
Gezeichnetes Kapital	20	
Kapitalrücklage	18	
Gewinnrücklage	2	
Verbindlichkeiten	20	
Bilanzsumme	60	

Frage 4

Die AB-AG befindet sich mehrheitlich in Familienbesitz, wobei der Hauptaktionär A1 über einen Unternehmensanteil von 50% verfügt. A1 verkauft seine Bezugsrechte an einen Minderheitsaktionär A2, der vor der Kapitalerhöhung einen Anteil von 35% besitzt. Wie ändert sich der Stimmenanteil der beiden Aktionäre A1 und A2 durch die Kapitalerhöhung, wenn angenommen wird, dass alle Aktionäre mit Ausnahme von A1 ihre Bezugsrechte vollumfänglich ausüben?

Lösung

Mit dem Hauptaktionär A1, dem Minderheitsaktionär A2 und den restlichen Aktionären A3 lassen sich drei Aktionäre bzw. Aktionärsgruppen unterscheiden. Da vor der Kapitalerhöhung 400.000 Aktien der AB-AG im Umlauf sind, liegen folgende Anteilsverhältnisse vor:

Anteilsverhältnis vor der Kapitalerhöhung		
Aktionär	Anteil relativ	Aktienanzahl
A1		
A2		
A3		
Gesamt		

Durch die ordentliche Kapitalerhöhung werden jedem Altaktionär Bezugsrechte im Umfang seiner bisherigen Aktienanzahl zugewiesen. Übt der Aktionär seine Bezugsrechte aus, kann er damit neue Aktien unter Berücksichtigung des Bezugsverhältnisses $b = 4$ (siehe Teilfrage 1) erwerben:

Ausübung der Bezugsrechte	
Aktionär	Aktienanzahl
A1	
A2	
A3	
Gesamt	

Da A1 seine 200.000 Bezugsrechte (zum rechnerischen Preis von

$$200.000 \cdot 18 = 3.600.000 \text{ [EUR]})$$

an A2 verkauft und alle anderen Aktionäre ihre Bezugsrechte vollumfänglich einsetzen, ergibt sich nach der Kapitalerhöhung folgendes Anteilsverhältnis:

Anteilsverhältnis nach der Kapitalerhöhung		
Aktionär	Aktienanzahl	Anteil relativ
A1		
A2		
A3		
Gesamt		

Durch die Kapitalerhöhung verliert der ursprüngliche Hauptaktionär A1 die Stimmenmehrheit an A2. Der ursprüngliche Minderheitsaktionär wird durch die Kapitalerhöhung somit zum neuen Hauptaktionär der AB-AG.

Frage 5

In der Gruppe der restlichen Aktionäre A3 befinden sich die drei Kleinaktionäre Otto, Marion und Klaus, die jeweils 12 Aktien der AB-AG und 1.000 EUR in bar besitzen. Ihre Bezugsrechte setzen sie folgendermaßen ein:

- Otto nutzt alle seine Bezugsrechte aus,

- Marion verkauft ihre 12 Bezugsrechte und

- Klaus setzt 8 Bezugsrechte ein und verkauft 4.

Wie ändert sich das Bar-, Aktien- und Gesamtvermögen der drei Kleinaktionäre?

Lösung

Vor der Kapitalerhöhung ergibt sich für die drei Kleinaktionäre folgende Vermögensaufteilung:

Aktionär	Aktienvermögen	Barvermögen	Gesamtvermögen
Otto			
Marion			
Klaus			

Otto

... nutzt alle zwölf Bezugsrechte aus und kann damit im Sinne des Beteiligungsverhältnisses

neue Aktien zum Emissionspreis von 60 EUR erwerben. Somit gilt:

Aktionär	Aktienvermögen	Barvermögen	Gesamtvermögen
Otto			

Marion

... hingegen verkauft ihre zwölf Bezugsrechte zum Preis von

$$BR = 18 \ [\text{EUR}],$$

so dass gilt:

Aktionär	Aktienvermögen	Barvermögen	Gesamtvermögen
Marion			

Klaus

... setzt acht seiner zwölf Bezugsrechte ein und erwirbt damit

neue Aktien zu einem Preis von jeweils 60 EUR. Durch den Verkauf der restlichen vier Bezugsrechte, nimmt er aber auch

zusätzlich ein:

Aktionär	Aktienvermögen	Barvermögen	Gesamtvermögen
Klaus			

Otto, Marion und Klaus weisen vor der Kapitalerhöhung eine identische Vermögensverteilung auf. Da sie ihre zwölf Bezugsrechte unterschiedlich einsetzen, ändert sich zwar ihr Aktien- und Barvermögen, nicht aber ihr Gesamtvermögen.

3.2.3 Übung zur Opération Blanche

Sie sind am 21.03.2017 im Besitz von 137 Aktien der Deutsche Bank AG mit einem aktuellen Aktienkurs von 15,98 EUR und erhalten folgendes Schreiben Ihrer Bank mit der Ankündigung einer Kapitalerhöhung:

Sehr geehrte(r) Frau/Herr....,

Vielleicht haben Sie es schon bemerkt – wir haben Ihnen Bezugsrechte der Deutsche Bank AG gutgeschrieben. Die Bezugsrechte haben Sie bekommen, weil die Deutsche Bank AG eine ordentliche Kapitalerhöhung durchführt. Das heißt, Sie können zu einem festgelegten Preis neue Aktien der Gesellschaft kaufen.
Aber zuerst einmal die wichtigsten Daten für Sie:

- Sie können die neuen Aktien im Verhältnis 2:1 beziehen
- Jede neue Aktie kostet Sie 11,65 EUR

Der Handel mit den Bezugsrechten startet am 21.03.2017. Sie können dann weitere Bezugsrechte kaufen oder Ihre Bezugsrechte verkaufen.

Möchten Sie das Angebot der Deutsche Bank AG unwiderruflich annehmen? Dann erledigen wir das gerne für Sie. Erteilen Sie uns hierzu einfach bis 03.04.2017, 11.00 Uhr einen Auftrag.

Sie beabsichtigen den Erlös aus dem Teilverkauf Ihrer Bezugsrechte unmittelbar in den Bezug neuer Aktien mit den verbliebenen Bezugsrechten zu investieren. Es ist nicht davon auszugehen, dass sich der Aktienkurs in absehbarer Zeit verändert.

Frage 1
Wie viele Bezugsrechte verkaufen Sie unter der Annahme, dass Sie kein frisches Kapital einbringen möchten?

Lösung

Es liegt eine Opération Blanche vor, so dass die Formel

$$v \cdot BR = \frac{n - v}{b} \cdot K_j$$

nach v aufgelöst werden muss. n steht für die 137 (Alt)Aktien in Ihrem Besitz, b für das im Schreiben genannte Bezugsverhältnis von $\frac{2}{1} = 2$ und K_j für den Emissionskurs in Höhe von 11,65 EUR. Der rechnerische Wert eines Bezugsrechts ergibt sich gemäß

$$BR = \frac{K_a - K_j}{b + 1}$$

Damit gilt:

$$v \cdot BR = \frac{n - v}{b} \cdot K_j$$

Die Sie nur eine ganzzahlige Anzahl an Bezugsrechten verkaufen können, müssen Sie - unter der Annahme, dass kein frisches Kapital eingebracht wird - v aufrunden, d.h. Sie verkaufen mehr Bezugsrechte als eigentlich notwendig. Die verbleibenden $137 - v$ Bezugsrechte üben Sie aus, müssen dabei allerdings das Bezugsverhältnis i.H.v. $b = 2$ beachten. Mit anderen Worten ist v soweit aufzurunden, dass $137 - v$ ein Vielfaches von 2 darstellt. Im Sinne dieser Vorgehensweise ergibt sich schließlich:

Sie weisen Ihre Bank somit an,   Bezugsrechte zu verkaufen.

Frage 2
Wie viele neue Aktien können Sie (unter ansonsten gleichen Voraussetzungen wie bei Frage 1) erwerben? Welchen Erlös erzielen Sie aus dem Verkauf der Bezugsrechte und welcher Preis ist für den Erwerb der neuen Aktien zu bezahlen?

Lösung

Die verbliebenen 26 Bezugsrechte werden entsprechend des Bezugsverhältnisses ausgeübt, so dass Sie

neue Aktien der Deutsche Bank AG erwerben können. Der Verkauf
der 111 Bezugsrechte lässt Einnahmen in Höhe von

erwarten. Da auf der anderen Seite die neu zu erwerbenen jungen
Aktien

kosten, verbleibt ein Überschuss von 8,39 EUR.

3.2.4 Übung zur Effektivverzinsung

Die AB-Bank bietet Ihnen folgende Konditionen für einen zweijährigen Kredit über 1.000.000 EUR an:[1]

- Endfällige Tilgung

- Zinsbelastung am Ende eines jeden Jahres: 100.000 EUR

Frage 1
Wie hoch ist der effektive Jahreszins dieses Angebots?

Lösung

Das Zahlungsprofil des Kredits hat aus der Sicht des Kreditnehmers folgende Form:

Beim effektiven Jahreszins i handelt es sich um den Zinssatz, mit dem die Zahlungsreihe diskontiert werden muss, um den aktuellen Wert zu erhalten. Somit gilt:

Wir substituieren $1 + i$ mit x und erhalten:

---

[1] In Anlehnung an Bieg et al: „Finanzierung in Übungen", Vahlen Verlag.

Auflösen der Gleichung nach x ergibt

und nach Anwendung der Mitternachtsformel

$$i_{1,2} = \frac{-b \pm \sqrt{b^2 - 4ac}}{2a}$$

schließlich:

Abschließend führen wir die Rücksubstition durch und erhalten:

Frage 2

Ihnen fällt auf, dass bei der Auszahlung des Kredits noch 17.125 EUR Gebühren anfallen. Wie wirkt sich dies auf den effektiven Jahreszins des Angebots aus?

Lösung

Die Gebühr wirkt sich auf den Auszahlungsbetrag aus, der sich von 1.000.000 EUR auf

reduziert. Somit gilt analog zur Frage 1

was schließlich den effektiven Jahreszins von ca.

liefert.

Frage 3

Ein weiteres Kreditinstitut, die Hofgarten-Bank, bietet Ihnen folgende Konditionen an:

- Auszahlung: 1.030.000 EUR (=103%)

- Gebühren bei der Auszahlung: 9.268 EUR

- Zinssatz: 10% p.a. auf den ursprünglichen Nominalwert von 1.000.000 EUR

- Rückzahlung: jährlich 500.000 EUR

Wegen der höheren Auszahlung und der niedrigeren Gebühren entscheiden Sie sich für das Angebot der Hofgarten-Bank. War das die richtige Entscheidung? Berechnen Sie dazu den effektiven Jahreszins!

Lösung

Das von der Hofgarten-Bank angebotene Zahlungsprofil hat aus Sicht des Kreditnehmers folgende Form:

Damit gilt für die Zahlungsreihe:

Lösen der quadratischen Gleichung liefert schließlich

Ein Vergleich der effektiven Jahreszinssätze bringt deutlich zum Ausdruck, dass das Angebot der Hofgarten-Bank das der AB-Bank übersteigt und Sie sich unter Kostengesichtspunkten für das falsche Kreditangebot entschieden haben.

3.2.5 Übung zum Lieferantenkredit

Die Technische Hochschule Aschaffenburg bezieht vor Semesterbeginn bei einem Großhändler Prüfungspapier für die nächste Klausurphase. Auf der Rechnung steht:

"... zahlbar mit 2% Skonto innerhalb von 5 Tagen, 14 Tage netto."

Frage

Soll die Hochschule von Ihrer Hausbank einen Kontokorrentkredit in Höhe von 12% p.a. in Anspruch nehmen, um den Skontoabzug nutzen zu können? Bestimmen Sie den nominellen Jahreszinssatz des Lieferantenkredits und greifen Sie bei der Berechnung auf die einfache Verzinsung zurück! Die Tageszählmethode sei $\frac{Act}{360}$!

Lösung

Nimmt die TH Aschaffenburg den Lieferantenkredit in Anspruch, lässt sie die Skontofrist verstreichen und zahlt am Ende des Zahlungsziels die Rechnungssumme x. Alternativ könnte sie in fünf Tagen den Kontokorrentkredit nutzen und einen Betrag von $0,98 \cdot x$ an den Großhändler überweisen:

Der nominelle Jahreszinssatz r des Lieferantenkredits kann durch einfaches Aufzinsen über 9 Tage ermittelt werden. Unter Berücksichtigung der Zinskonventionen erhalten wir

und damit schließlich:

$$r = 0,8163 = 81,63\%$$

Wird alternativ der Kontokorrentkredit in Anspruch genommen, beträgt der Jahreszinssatz "nur" 12% p.a.. Er ist damit die günstigere Alternative.

Zusatz:
Besonders deutlich wird die Empfehlung, den Skontoabzug unter der Inanspruchnahme des Kontokorrentkredits zu nutzen, wenn man den Zinsaufwand aus dem Kontokorrentkredit mit dem Skontoertrag vergleicht:

- Zinsaufwand:

- Skontoertrag:

Wie man sieht, gilt stets:

$$\text{Skontoertrag} > \text{Zinsaufwand}$$

Unter der Annahme, dass die ursprüngliche Rechnungssumme 5.000 EUR beträgt, erhalten wir

- Zinsaufwand:
$$0,003 \cdot 5.000 = 15 \ [\text{EUR}]$$

- Skontoertrag:
$$0,02 \cdot 5.000 = 100 \ [\text{EUR}]$$

und damit einen monetären Vorteil des Kontokorrentkredits in Höhe von 85 EUR.

3.3 Weitere Übungsaufgaben

3.3.1 Aufgabe 1

Die AB-AG plant eine Kapitalerhöhung im Umfang von 150 Mio. EUR. Aktuell beträgt der Kurs einer Aktie der AB-AG 20 EUR (Nennwert: 1 EUR), das gezeichnete Kapital der Gesellschaft beläuft sich auf 40 Mio. EUR. Der Emissionskurs der neuen Aktien wurde auf 15 EUR festgesetzt.

1. Welches Bezugsverhältnis ist zu wählen?

2. Berechnen Sie den Wert des Bezugsrechts!

3. Ein Aktionär hält vor der Kapitalerhöhung 900 Aktien der AB-AG. Wie viele neue Aktien kann dieser Aktionär im Rahmen der Kapitalerhöhung beziehen, wenn er gemäß einer Opération Blanche vorgeht und keine Zuzahlung leisten möchte?

3.3.2 Aufgabe 2

Die Aktien der Asche-Bäck-AG notieren derzeit bei 530 EUR, ihr Nennwert beträgt 100 EUR. Die Gesellschaft plant die Durchführung einer ordentlichen Kapitalerhöhung, bei der neue Aktien im Bezugsverhältnis von 14:1 zu 500 EUR ausgegeben werden sollen.

1. Ermitteln Sie den rechnerischen Wert des Bezugsrechtes.

2. Ein Altaktionär der Asche-Bäck-AG besitzt 350 Aktien sowie 20.000 EUR in bar. Zeigen Sie, wie sich Aktien- und Barvermögen verändern, wenn der Altaktionär seine Bezugsrechte aus der Kapitalerhöhung vollumfänglich ausübt.

3.3.3 Aufgabe 3

Als Vorstandsvorsitzender einer mittelgroßen Aktiengesellschaft planen Sie eine Kapitalerhöhung aus Gesellschaftsmitteln im Verhältnis 3:1. Der aktuelle Börsenkurs Ihres Unternehmens steht bei 400 EUR.

1. Ein Altaktionär besitzt 12 (alte) Aktien sowie 5.000 EUR in bar. Zeigen Sie, wie sich Aktien- und Barvermögen verändern!

2. Aus welchen Gründen wird eine Kapitalerhöhung aus Gesellschaftsmitteln durchgeführt?

3.3.4 Aufgabe 4

Die Aktien der Himmel AG notieren zurzeit zu einem Kurs von 375
EUR. Das gesamte Aktienvolumen umfasst 20.000 Stück. Die Himmel AG möchte mittels einer Kapitalerhöhung ihre Finanzmittel auf-
bessern und emittiert 5.000 Aktien neu. Für das neue Geschäftsjahr
wird eine Dividende in Höhe von 100 EUR erwartet. Die jungen Aktien sind dabei 3 Monate dividendenberechtigt. Der Emissionskurs
beträgt 125 EUR.

1. Berechnen Sie den Kurs der Aktien der Himmel AG nach der
   Kapitalerhöhung!

2. Wie hoch ist der rechnerische Wert des Bezugsrechts?

3.3.5 Aufgabe 5

Die Hölle AG, ein Konkurrent der Himmel AG, macht es seinem
Wettbewerber nach und führt ebenfalls eine Kapitalerhöhung durch.
Die bisherigen 40.000 Stück Aktien werden auf 60.000 Stück erhöht.
Die jungen Aktien sind voll dividendenberechtigt. Die Bezugsrechte
der Hölle AG sind rechnerisch 20 EUR wert. Nach der Kapitalerhö-
hung beträgt der Aktienkurs der Hölle AG 666 EUR.

1. Wie hoch war der Kurs der Hölle AG vor der Kapitalerhöhung?

2. Zu welchem Kurs wurden die neuen Aktien emittiert?

3.3.6 Aufgabe 6

Sie sind im Besitz von 100 Aktien der AB-AG mit einem aktuellen Aktienkurs von 30,00 EUR. Die AB-AG führt eine ordentliche
Kapitalerhöhung zu folgenden Konditionen durch:

- Bezugsverhältnis: 18:5, d.h. für jeweils 18 Bezugsrechte können
  Sie 5 neue Aktien erwerben

- Der Emissionspreis der neuen Aktien beträgt 22,50 EUR

Sie beabsichtigen den Erlös aus dem Teilverkauf Ihrer Bezugsrechte
unmittelbar in den Bezug neuer Aktien mit den verbliebenen Bezugsrechten zu investieren. Es ist nicht davon auszugehen, dass sich
der Aktienkurs in absehbarer Zeit verändert.

1. Wie viele Bezugsrechte verkaufen Sie unter der Annahme, dass Sie kein frisches Kapital einbringen möchten?

2. Wie viele neue Aktien können Sie (unter ansonsten gleichen Voraussetzungen wie bei Frage 1) erwerben?

3. Welchen Erlös erzielen Sie aus dem Verkauf der Bezugsrechte und welcher Preis ist für den Erwerb der neuen Aktien zu bezahlen? Wie hoch ist der Überschuss?

3.3.7 Aufgabe 7

Die THAB-AG hat eine ordentliche Kapitalerhöhung zur Finanzierung einer Erweiterungsinvestition (Kauf weiterer Maschinen) durchgeführt. Dabei wurde die Zahl an ausgegebenen Aktien von 10 Mio. auf 11 Mio. erhöht. Vor und nach dem Kauf hat die Bilanz folgende Gestalt (in Mio. EUR):

Aktiva			Passiva		
	t_0	t_1		t_0	t_1
Anlageverm.	1.000	1.200	Gez. Kapital	800	880
Umlaufverm.	500	500	Kapitalrücklage	0	20
Bank	500	500	Gewinnrücklagen		
			- Gesetzliche	20	20
			- Andere	180	180
			Verbindlichkeiten	1.000	1.100
Bilanzsumme	2.000	2.200	Bilanzsumme	2.000	2.200

1. Wie lautet der Nennwert der alten Aktien?

2. Zu welchem Emissionspreis wurden die neuen Aktien ausgegeben?

3. Wie teuer war die Investition und zu welchem Anteil aus Eigen- und Fremdkapital wurde sie finanziert?

4. Berechnen Sie den Gewinnthesaurierungsspielraum der THAB-AG vor und nach der Kapitalerhöhung!

5. Welche Maßnahme kann ergriffen werden, um den Gewinnthesaurierungsspielraum weiter zu vergrößern?

6. Berechnen Sie den Verschuldungsgrad der THAB-AG in t_0 und t_1!

3.3.8 Aufgabe 8

Am deutschen Kapitalmarkt notieren drei Anleihen mit einem Nominalwert von jeweils 100 EUR:

- Anleihe A: 6-jähriger Zerobond

- Anleihe B: 6-jährige sogenannte „Step-Up-Anleihe", welche
  - in den Jahren 1-2 einen 4%-igen Kupon,
  - in den Jahren 3-4 einen 5%-igen Kupon und
  - in den Jahren 5-6 einen 6%-igen Kupon aufweist.

- Anleihe C: 6-jährige Kuponanleihe mit einem Kupon von 5%

1. Nehmen Sie an, dass am Markt eine flache Zinsstruktur in
   Höhe von 5% herrscht. Berechnen Sie die aktuellen Kurse der
   Anleihen A, B und C (als %-Werte vom Nominalwert)!

2. Sie möchten eine der Anleihen A bzw. C kaufen und bis zur
   Endfälligkeit halten. Als versierter Investor wissen Sie, dass
   eine flache Zinsstruktur eine äußerst unrealistische Annahme
   ist. Sie gehen deshalb davon aus, dass eine normale, Ihnen
   jedoch unbekannte, Zinsstruktur vorliegt. Anleihe A notiert
   derzeit (d.h. in t_0) bei 75% und Anleihe C bei 95%. Berechnen
   Sie die Effektivzinssätze der Anleihen A und C.

Hinweis: Runden Sie %-Werte auf zwei Nachkommastellen!

3.3.9 Aufgabe 9

Die AB-AG kann eine Rechnung über 30.000 EUR nur bezahlen,
wenn sie entweder bei ihrer Hausbank einen Kontokorrentkredit zu
12% Zinsen p.a. aufnimmt oder einen Lieferantenkredit in Anspruch
nimmt. Der Lieferant gewährt ein Skonto von 2% bei Zahlung innerhalb von 15 Tagen und verlangt nach 30 Tagen die Zahlung des
kompletten Rechnungsbetrages.[2]

1. Wie hoch ist die Verzinsung des Lieferantenkredits?

2. Welches Zahlungsziel müsste der Lieferant anbieten, damit der
   Lieferantenkredit günstiger ist wie der Kontokorrentkredit?

*Hinweis: Verwenden Sie für die Berechnungen jeweils die einfache
Zinsmethode und unterstellen Sie die Tageszählmethode Act/360!*

---

[2]In Anlehnung an Hufnagel, W.: „Übungsbuch Investition und Finanzierung", nwb Studium.

3.3.10 Aufgabe 10

Die Banken A und B bieten Ihnen folgende Konditionen für eine Immobilienfinanzierung an:[3]

- Bank A: Nominalzins 5% p.a., Rückzahlungskurs zu pari, Ausgabekurs 97%, Laufzeit 10 Jahre

- Bank B: Nominalzins 5,3% p.a., Rückzahlungskurs zu pari, Ausgabekurs 100%, Laufzeit 10 Jahre

1. Ermitteln Sie näherungsweise den Effektivzinssatz dieser beiden Finanzierungsalternativen. Greifen Sie hierzu auf die im Hinweis der Aufgabe 3.3.8 genannte Formel zurück!

2. Welche Finanzierung würden Sie bevorzugen?

3.3.11 Aufgabe 11

Die X-AG plant die Durchführung einer ordentlichen Kapitalerhöhung im Verhältnis 5:1. Die Bilanz hat vor der Kapitalerhöhung folgende Gestalt (in Mio. EUR):

Aktiva		Passiva	
Anlagevermögen	100	Gezeichnetes Kapital	50
Vorräte	10	Kapitalrücklage	20
Forderungen	15	Gewinnrücklagen	10
Bank	25	Langfristige Verbindlichkeiten	30
		Kurzfristige Verbindlichkeiten	40
Bilanzsumme	150	Bilanzsumme	150

Der Emissionskurs der neuen Aktien beträgt 50 EUR, die Altaktien notieren bei 56 EUR. Es ist nicht davon auszugehen, dass sich der Aktienkurs in absehbarer Zeit verändert. Alte und junge Aktien weisen einen Nennwert von 10 EUR auf.

1. Wie viele junge Aktien werden ausgegeben?

---

[3]In Anlehnung an Hufnagel, W.: „Übungsbuch Investition und Finanzierung", nwb Studium.

2. Wie hoch ist der rechnerische Wert des Bezugsrechts und welcher Mischkurs wird sich rechnerisch nach der Kapitalerhöhung ergeben?

3. Ein Aktionär ist vor der Kapitalerhöhung im Besitz von 1% aller Aktien der X-AG und hat sich entschieden, sämtliche Bezugsrechte zu verkaufen. Wie groß ist sein Anteil an der X-AG nach der Kapitalerhöhung? Ist der Aktionär von einem Verwässerungseffekt betroffen?

4. Wie wirkt sich die Kapitalerhöhung auf die Bilanz der X-AG aus?

3.3.12 Aufgabe 12

Die Y-AG plant die Durchführung einer Kapitalerhöhung aus Gesellschaftsmitteln in Höhe von 10 Mio. EUR zu Lasten der anderen Gewinnrücklagen. Die Bilanz hat vor der Kapitalerhöhung folgende Gestalt (in Mio. EUR):

Aktiva		Passiva	
Anlagevermögen	60	Gezeichnetes Kapital	50
Vorräte	35	Kapitalrücklage	10
Bank	5	Gesetzliche Rücklage	1
		Andere Gewinnrücklagen	19
		Verbindlichkeiten	20
Bilanzsumme	100	Bilanzsumme	100

Die Altaktien notieren bei 30 EUR, ihr Nennwert beträgt 5 EUR.

1. Berechnen Sie das Bezugsverhältnis!

2. Wie hoch ist der rechnerische Wert des Bezugsrechts und welcher Mischkurs wird sich rechnerisch nach der Kapitalerhöhung ergeben?

3. Wie wirkt sich die Kapitalerhöhung auf die Bilanz der Y-AG aus?

4. Wie sieht der Gewinnthesaurierungsspielraum der Y-AG vor und nach der Kapitalerhöhung aus?

3.3.13 Aufgabe 13

Die Z-AG bestellt für 10.000 EUR neue Laptops und liest auf der Rechnung:

"Zahlung netto innerhalb von 30 Tagen, 3% Skonto bei Zahlung innerhalb von 5 Tagen"

Da das Zahlungsverkehrskonto bereits bis zur vereinbarten Obergrenze überzogen ist, kann die Z-AG keinen Kontokorrentkredit in Anspruch nehmen. Der Überziehungszinssatz der Bank beträgt für gewöhnlich 15%.

1. Wie hoch ist der "Verlust", der der Z-AG durch die Weigerung der Bank entsteht, die Kreditlinie nochmals zu erhöhen?

2. Verringert sich der "Verlust" aus der Teilaufgabe 1, wenn es der Z-AG gelingt, die Skontofrist auf 10 Tage auszudehnen?

3.4 Lösungen

Aufgabe 1

1. $b = 4$

2. $BR = 1$ EUR

3. Anzahl neu zu beziehender Aktien: 47

Aufgabe 2

1. $BR = 2$ EUR

2. Aktienvermögen: 198.000 EUR; Barvermögen: 7.500 EUR

Aufgabe 3

1. Aktienvermögen: 4.800 EUR; Barvermögen: 5.000 EUR

2. Gründe:

   a) Erhöhung der Fungibilität

   b) Vergrößerung des Thesaurierungsspielraums

   c) "Versteckte" Dividendenerhöhung

Aufgabe 4

1. $K_M = 340$ EUR

2. $BR = 35$ EUR

Aufgabe 5

1. $K_a = 686$ EUR

2. $K_j = 626$ EUR

Aufgabe 6

1. $v = 82$

2. 5 Stück

3.

   - Erlös durch den Verkauf der Bezugsrechte: 133,66 EUR
   - Kaufpreis der jungen Aktien: 112,50 EUR
   - Überschuss: 21,16 EUR

Aufgabe 7

1. 80 EUR

2. $K_j = 100$ EUR

3. Investitionssumme: 200 Mio. EUR (jeweils 100 Mio. EUR sind Eigen- bzw. Fremdkapital)

4. Vor der Kapitalerhöhung: 280 Mio. EUR
   Nach der Kapitalerhöhung: 308 Mio. EUR

5. Durchführung einer nominellen Kapitalerhöhung

6. Verschuldungsgrad in t_0: $V = 1$
   Verschuldungsgrad in t_1: $V = 1$

Aufgabe 8

1. Preise:

   - Anleihe A: 74,62
   - Anleihe B: 99,67
   - Anleihe C: 100

2. Effektive Jahreszinssätze:

   - Anleihe A: 4,91%
   - Anleihe C: 6,14%

Aufgabe 9

1. $r = 48,98\%$

2. Das Zahlungsziel muss mindestens 77 Tage betragen.

Aufgabe 10

1. $i_A = 5,46\%$ bzw. $i_B = 5,3\%$

2. Der Effektivzins von A ist höher, daher wird das Angebot der Bank B bevorzugt.

Aufgabe 11

1. $n_j = 1.000.000$ Stück

2. $BR = 1$ EUR, $K_M = 55$ EUR

3. Unternehmensanteil: 0,833%

4. Bilanz:

Aktiva		Passiva	
Anlagevermögen	100	Gezeichnetes Kapital	60
Vorräte	10	Kapitalrücklage	60
Forderungen	15	Gewinnrücklagen	10
Bank	75	Langfristige Verbindlichkeiten	30
		Kurzfristige Verbindlichkeiten	40
Bilanzsumme	200	Bilanzsumme	200

Aufgabe 12

1. $b = 5$

2. $BR = 5$ EUR, $K_M = 25$ EUR

3. Bilanz:

Aktiva		Passiva	
Anlagevermögen	60	Gezeichnetes Kapital	60
Vorräte	35	Kapitalrücklage	10
Bank	5	Gesetzliche Rücklage	1
		Andere Gewinnrücklagen	9
		Verbindlichkeiten	20
Bilanzsumme	100	Bilanzsumme	100

4. Der Gewinnthesaurierungsspielraum steigt von 6 Mio. EUR auf 21 Mio. EUR an.

Aufgabe 13

1. "Verlust" ca. 199 EUR

2. Bei steigender Skontofrist (und damit abnehmender Skontobezugsspanne) verringert sich der Zinsaufwand für einen möglichen Kontokorrentkredit, d.h. der "Verlust" steigt.

4 Probeklausur

Prüfungen sind deshalb so scheußlich, weil der größte Trottel mehr fragen kann, als der klügste Mensch zu beantworten vermag!

C. Colton, 1780 - 1832, engl. Aphoristiker

4.1 Das Wichtigste in aller Kürze

Bitte beachten Sie für Ihre bevorstehende Klausur folgende Hinweise:

1. Vorbereitung:

   a) Beginnen Sie rechtzeitig mit der Prüfungsvorbereitung!

   b) Unterschätzen Sie nicht den Aufwand einer sinnvollen Vorbereitung!

   c) Lernen Sie nicht nur auswendig! Vielmehr sollten Sie ökonomische Zusammenhänge erkennen, verstehen und interpretieren.

   d) Überlegen Sie sich vorher, mit welchen Klausurteilen Sie beginnen, d.h. legen Sie eine Klausurstrategie fest! Hierbei gilt der Grundsatz: Vom Einfachen zum Schweren, d.h. beginnen Sie mit den Inhalten, die Ihnen leicht fallen!

   e) Denken Sie daran, einen zugelassenen Taschenrechner, sowie weitere evtl. zugelassene Hilfsmittel zur Klausur mitzubringen!

2. Klausur:

   a) Gehen Sie im Sinne Ihrer Klausurstrategie vor!

   b) Beschäftigen Sie sich nicht zu lange mit Aufgaben, die Sie nicht bearbeiten können. Es gilt die Faustregel: Investieren Sie pro erreichbaren Punkt eine Minute an Zeit.

c) Wenn Sie nicht weiter wissen, fahren Sie mit der nächsten Aufgabe fort!

d) Bleiben Sie ruhig und konzentriert, auch wenn Sie die ein oder andere Aufgabe nicht bearbeiten können!

e) Lesen Sie die Fragen genau durch und verschenken Sie keine Punkte, nur dadurch, dass Sie Teilfragen überlesen!

f) Beachten Sie, dass der Rechenweg stets erkennbar sein muss!

Im Folgenden finden Sie eine Probeklausur aus dem Sommersemester 2016 - viel Spaß dabei!

4.2 Aufgabe 1 (35 Punkte)

Das Unternehmen X-AG ist an der Börse notiert und möchte, um eine Investition zu tätigen, eine ordentliche Kapitalerhöhung durchführen. Es befinden sich 100.000 Aktien mit einem Nennwert von 20 EUR im Umlauf, der Kurs steht bei 90 EUR, mit Kursschwankungen ist bis zur Durchführung der Kapitalerhöhung nicht zu rechnen. Die neuen Aktien sind voll dividendenberechtigt und sollen zu 70 EUR emittiert werden. Der angestrebte Mischkurs liegt bei 86 EUR.

1. In welchem Intervall kann sich der Emissionskurs theoretisch befinden? Nennen Sie jeweils einen Grund, der dafür spricht, den Emissionskurs in der Nähe der Untergrenze bzw. in der Nähe der Obergrenze festzusetzen! (4 Pkt.)

2. Berechnen Sie die Anzahl der jungen Aktien! (3 Pkt.)

3. Wie lautet das Bezugsverhältnis? (1 Pkt.)
Hinweis: Falls Sie die Aufgabe 2) nicht lösen konnten, gehen Sie bitte von $n_j = 25.000$ aus!

4. Berechnen Sie den rechnerischen Wert des Bezugsrechts! (1 Pkt.)

5. Ein Anleger hält ein Prozent an der X-AG und möchte eine Opération Blanche durchführen.
Hinweis: Nehmen Sie an, dass die Bezugsrechte und Aktien beliebig gestückelt werden können. Falls Sie die Aufgabe 4) nicht lösen konnten, gehen Sie bitte von $BR = 4$ EUR aus! Runden Sie auf zwei Stellen nach dem Komma!

a) Wie viele Bezugsrechte muss er verkaufen und wie viele junge Aktien kann er dafür erwerben? (4 Pkt.)

b) Berechnen Sie die Vermögensposition des Anlegers vor und nach der Kapitalerhöhung! (3 Pkt.)

6. Wie ändern sich die Ergebnisse der Aufgabe 5a), wenn die Annahme einer beliebigen Teilbarkeit von Aktien und Bezugsrechten aufgehoben wird und der Anleger keine Zuzahlungen leisten will? Welchen Betrag gibt er dann für den Kauf der jungen Aktien aus und welcher Erlös ergibt sich aus dem Verkauf der Bezugsrechte? Wie hoch ist sein Überschuss? (6 Pkt.)
   Hinweis: Falls Sie die Aufgabe 5a) nicht lösen konnten, gehen Sie bitte von $v = 813,95$ aus!

7. Berechnen Sie den rechnerischen Wert eines Bezugsrechts, falls die jungen Aktien nur drei Monate dividendenberechtigt sind! Für das neue Geschäftsjahr wird dabei eine Dividende in Höhe von 10 EUR erwartet. Wie lässt sich die Abweichung zum Ergebnis der Aufgabe 4) ökonomisch erklären? (5 Pkt.)

8. Kurzfragen, bitte jeweils nur mit einem Satz beantworten! (8 Pkt.)

   a) Der Kurs an der Börse notiert kurz nach der Kapitalerhöhung bei 84 EUR. Wie lässt sich die Abweichung zum Mischkurs von 86 EUR erklären?

   b) Aus welchem Grund erhalten die Altaktionäre ein Bezugsrecht?

   c) Benennen Sie die Art der Kapitalerhöhung, welche nur eine Veränderung auf der Passivseite der Bilanz verursacht!

   d) Benennen Sie die Art der Kapitalerhöhung, welche eine Bilanzverlängerung verursacht!

   e) Was versteht man unter einer vinkulierten Namensaktie?

   f) Worin unterscheiden sich Nennwert- und Stückaktien?

   g) In welchem Segment muss eine AG an der Deutschen Börse gelistet sein, um in den DAX aufgenommen werden zu können?

   h) Wie viele Titel sind im SDAX enthalten?

4.3 Aufgabe 2 (20 Punkte)

1. Aus welchen drei Bestandteilen setzen sich Cashflows zusammen? (3 Pkt.)

2. Nennen Sie drei Formen der Cashflow-Finanzierung! (1,5 Pkt.)

3. Welche drei Voraussetzungen müssen erfüllt sein, damit sich Unternehmen erfolgreich mit Hilfe der unter 2) genannten Ansätze finanzieren können? (3 Pkt.)

4. Geben Sie zwei Beispiele für eine stille Selbstfinanzierung an und erläutern Sie daran den Finanzierungseffekt! (4 Pkt.)

5. Gehen Sie in jeweils einem Satz darauf ein, wie sich eine starke Selbstfinanzierung auf die Eigenkapitalgeber, die Gläubiger und den Staat auswirkt! (3 Pkt.)

6. Eine Aktiengesellschaft verfügt über ein Grundkapital von 200.000 EUR. Die gesetzliche Rücklage beläuft sich auf 10.000 EUR, die anderen Gewinnrücklagen auf 12.000 EUR. Es wurde bislang noch keine Kapitalrücklage gebildet. Der Jahresüberschuss beträgt im eben abgelaufenen Geschäftsjahr 60.000 EUR. Wie groß ist der Gewinnthesaurierungsspielraum des Vorstandes? Geben Sie die Unter- und Obergrenze des Gewinnthesaurierungsbetrages in EUR an! (5,5 Pkt.)

4.4 Aufgabe 3 (5 Punkte)

1. Der Buchwert des Eigenkapitals der schuldenfreien Y-AG beträgt 9.000.000 EUR. Eine geplante Investition soll angesichts des niedrigen Zinsniveaus über einen Kredit finanziert werden, wobei ein Zielverschuldungsgrad von $V = 1,5$ erreicht werden soll. Wie viel Fremdkapital muss das Unternehmen aufnehmen? (2 Pkt.)

2. Worin sehen Sie Grenzen des Leverage-Effekts? Nennen Sie drei Aspekte! (3 Pkt.)

4.5 Lösungen

4.5.1 Aufgabe 1

1. Bei einer ordentlichen Kapitalerhöhung befindet sich der Emissionskurs im Intervall

$$[20 \text{ EUR}; 90 \text{ EUR}].$$

Während es sich bei der Untergrenze um den Nennwert der Altaktien (d.h. hier 20 EUR) handelt, entspricht die Obergrenze dem aktuellen Kurs der Altaktien. Die Untergrenze ist rechtlich in §9 AktG mit dem Verbot der Unter-Pari-Emission geregelt. Die Obergrenze wird hingegen durch ökonomische Zusammenhänge bestimmt, da kein Käufer bereit wäre, einen höheren Preis für die Aktien zu bezahlen als den aktuellen Börsenkurs. Mit einer Festsetzung des Emissionskurses in der Nähe der Untergrenze geht eine Erhöhung der Fungibilität einher. Für eine Festsetzung nahe der Oberbrenze spricht die Vermeidung hoher Kursschwankungen.

2. Ausgangspunkt für die Berechnung von n_j ist der angestrebte Mischkurs von 86 EUR. Dabei gilt

$$K_M = \frac{K_a \cdot n_a + K_j \cdot n_j}{n_a + n_j}$$

und schließlich folgende lineare Gleichung:

$$\begin{aligned}
86 &= \frac{90 \cdot 100.000 + 70 \cdot n_j}{100.000 + n_j} \quad | \cdot (100.000 + n_j) \\
8.600.000 + 86 n_j &= 9.000.000 + 70 n_j \\
16 n_j &= 400.000 \\
n_j &= 25.000
\end{aligned}$$

3. Für das Bezugsverhältnis gilt:

$$b = \frac{n_a}{n_j} = \frac{100.000}{25.000} = \frac{4}{1} = 4$$

4. Das Bezugsrecht soll den durch die Kapitalerhöhung verursachten Wertverlust einer Altaktie ausgleichen, d.h.:

$$BR = K_a - K_M = 90 - 86 = 4 \quad [EUR]$$

5. Der Anleger hält 1% an der X-AG, d.h. er ist im Besitz von

$$0,01 \cdot 100.000 = 1.000$$

Altaktien. Um seine 1.000 Bezugsrechte im Sinne einer Opération Blanche einzusetzen, ist zunächst zu bestimmen, wieviele Bezugsrechte verkauft werden sollen.

a) Zur Beantwortung dieser Frage greift man auf die sog. "Opération Blanche Gleichung" zurück, für die gilt:

$$v \cdot BR = \frac{n-v}{b} \cdot K_j \quad \leftrightarrow$$
$$4 \cdot v = \frac{1000 - v}{4} \cdot 70 \quad \leftrightarrow$$
$$4v = (1.000 - v) \cdot 17,5 \quad \leftrightarrow$$
$$4v = 17.500 - 17,5v \quad \leftrightarrow$$
$$21,5v = 17.500$$
$$v = 813,95$$

Es sind also $v = 813,95$ Bezugsrechte zu verkaufen und der Rest, d.h.

$$1.000 - v = 1.000 - 813,95 = 186,05$$

Bezugsrechte auszuüben. Zusammen mit einem Bezugsverhältnis von 4 : 1 lassen sich damit

$$\frac{186,05}{4} = 46,51$$

neue Aktien beziehen.

b) Vor der Kapitalerhöhung ist der Anleger im Besitz von 1.000 Aktien, die jeweils einen Börsenwert von 90 EUR aufweisen. Die Vermögensposition beträgt daher:

$$V_{vor} = 1.000 \cdot 90 = 90.000 \quad [EUR]$$

Im Zuge der Kapitalerhöhung übt der Anleger Teile seiner Bezugsrechte aus und erwirbt 46,51 junge Aktien zu einem Stückpreis von 70 EUR. Damit hält der Anleger nach der Kapitalerhöhung 1.046,51 Aktien. Zudem verkauft er 813,95 Bezugsrechte zu einem unterstellten Preis von 4 EUR. Somit ergibt sich folgende Vermögensposition:

$$V_{nach} = 1.046,51 \cdot 86 + 813,95 \cdot 4 - 46,51 \cdot 70$$
$$= 89.999,96 \quad [\text{EUR}]$$

Hinweis: Die Abweichungen zur alten Vermögensposition erklären sich durch Rundungen auf zwei Nachkommastellen. Wiederholt man die Rechnung mit den exakten Teilergebnissen, zeigt sich unmittelbar $V_{vor} = V_{nach}$.

6. Da der Anleger keine Zuzahlungen in Kauf nehmen will, muss er mehr Bezugsrechte verkaufen, als unter 5a) errechnet. Da sowohl v als auch die Anzahl der neu zu erwerbenen Aktien ganzzahlig sein muss, ist v also derart aufzurunden, dass $1.000 - v$ ein Vielfaches von $b = 4$ ergibt. Unter Beachtung dieser Nebenbedingung folgt unmittelbar

$$v = 816.$$

Wenn der Anleger 816 Bezugsrechte verkauft und damit 184 Bezugsrechte ausübt, kann er schließlich $\frac{184}{4} = 46$ neue Aktien zum Preis von jeweils 70 EUR erwerben. Somit gilt:

- Kaufpreis der neuen Aktien:

$$46 \cdot 70 = 3.220 \quad [\text{EUR}]$$

- Erlös durch den Teilverkauf der Bezugsrechte:

$$816 \cdot 4 = 3.264 \quad [\text{EUR}]$$

- Überschuss:

$$3.264 - 3.220 = 44 \quad [\text{EUR}]$$

7. Sind die jungen Aktien nur drei Monate dividendenberechtigt, liegt ein Dividendennachteil in Höhe von

$$DN = D \cdot \left(1 - \frac{DZ_j}{DZ_a}\right)$$

$$= 10 \cdot \left(1 - \frac{3}{12}\right) = 10 \cdot \frac{3}{4} = 7,50 \quad [\text{EUR}]$$

vor. Damit ergibt sich ein rechnerischer Wert des Bezugsrechts von:

$$BR = \frac{K_a - (K_j + DN)}{b+1}$$

$$= \frac{90 - (70 + 7,50)}{4+1} = 2,50 \quad [\text{EUR}]$$

Der Nachteil der jungen Aktien wird durch einen im Vergleich zu Aufgabe 4) günstigeren Bezugsrechtepreis ausgeglichen.

8. Kurzfragen:

   a) Der Börsenkurs wird durch Angebot und Nachfrage bestimmt.

   b) Zur Vermeidung von Verwässerungseffekten

   c) Kapitalerhöhung aus Gesellschaftsmitteln (nominelle Kapitalerhöhung)

   d) Ordentliche Kapitalerhöhung

   e) Eintragung ins Aktienbuch und Zustimmung der Gesellschaft bei Übertragung

   f) Nennwertaktien beziehen sich auf einen festen Nennwert, Stückaktien auf einen festen Anteil am Grundkapital

   g) Prime Standard

   h) 50 (im Jahr der Klausur), mittlerweile sind es 70

4.5.2 Aufgabe 2

1. Gewinne, Rückstellungen und Abschreibungen

2. Formen der Cashflow-Finanzierung:

   • Selbstfinanzierung (offen vs. still)

- Finanzierung aus Abschreibungen (Kapazitätserweiterung, Kapitalfreisetzung)
- Finanzierung aus Rückstellungen (Pensions- bzw. Prozesskostenrückstellungen)

3. Voraussetzungen:

  - Bestandteile sind in den Verkaufspreisen enthalten
  - Verkaufspreise müssen realisiert werden
  - Verkauf führt zu Einnahmen

4. Stille Selbstfinanzierung:

  - Zu niedrige Wertansätze des AV/UV (Differenz zwischen Bilanzwert und tatsächlichem Wert, Bilanzierung zu Anschaffungskosten, Nichtaktivierung aktivierungsfähiger Wirtschaftsgüter z.B. Patente)
  - Zu hohe Wertansätze der Rückstellungen (Pensions- oder Prozesskostenrückstellungen)
  - Finanzierungseffekt durch:

    - Vermeidung von Gewinnausschüttung
    - Aufschub der Steuerlast

5. Auswirkungen einer starken Selbstfinanzierung:

  - Eigenkapitalgeber: Verzicht auf einen Teil des ausschüttbaren Gewinns, zeitliche Verlagerung der Gewinnausschüttung
  - Gläubiger: Stärkung der Haftungsfunktion des EK
  - Staat (Fiskus): zeitliche Verlagerung der Steuereinnahmen

6. Gewinnrücklagen:

  - Gesetzliche Rücklage:

    - Kapitalrücklage: 0 EUR
    - Kapitalrücklage und gesetzliche Rücklage (= 10.000 EUR) haben die erforderlichen 10% des Grundkapitals (=20.000 EUR) noch nicht erreicht

- 5% des JÜ sind der gesetzlichen Rücklage zuzuführen, d.h. 3.000 EUR

- Über die Hälfte des verbleibenden Betrags i.H.v. 57.000 EUR kann der Vorstand verfügen

- Andere Gewinnrücklage:

  - Fall 1: Vorstand verzichtet auf die Bildung einer weiteren Rücklage

    * 57.000 EUR kommen zur Ausschüttung

    * Gewinnthesaurierung Untergrenze: 1.500 EUR

  - Fall 2: Vorstand schöpft seinen gesamten Spielraum zur Bildung anderer Gewinnrücklagen aus

    * 28.500 EUR werden ausgeschüttet

    * Gewinnthesaurierung Obergrenze: 3.000 EUR + 28.500 EUR = 31.500 EUR

4.5.3 Aufgabe 3

1. Der Verschuldungsgrad ist definiert als $V = \frac{FK}{EK}$. Da das Eigenkapital 9.000.000 EUR beträgt, muss die Y-AG daher

$$FK = V \cdot EK = 1,5 * 9.000.000 = 13.500.000 \quad [\text{EUR}]$$

an Fremdkapital aufnehmen.

2. Grenzen des Leverage-Effekts:

   - Annahme konstanter FK-Zinsen

   - Keine unbegrenzte Substituierbarkeit von EK und FK

   - Keine Berücksichtigung von Steuern

5 Literaturempfehlungen

1. Bieg, H., Kußmaul, H. (2016): Finanzierung, 3. Aufl., München

2. Bieg, H., Kußmaul, H., Waschbusch, G. (2016): Finanzierung in Übungen, 4. Aufl., München

3. Drukarczyk, J. (2014): Finanzierung – Eine Einführung, 11. Aufl., Stuttgart

4. Franke, G.; Hax, H. (2009): Finanzwirtschaft des Unternehmens und Kapitalmarkt, 6. Aufl., Heidelberg

5. Hufnagel, W., Burgfeld-Schächer, B. (2020): Übungsbuch Investition und Finanzierung, 2. Aufl., Herne

6. Olfert, K. (2017): Kompakt Training Finanzierung, 9. Aufl., Ludwigshafen

7. Perridon, L.; Steiner, M.; Rathgeber, A. (2016): Finanzwirtschaft der Unternehmung, 17. Aufl., München

8. Schmidt, R. H.; Terberger, E. (1997): Grundzüge der Investitions- und Finanzierungstheorie, 4. Aufl., Wiesbaden

9. Schulz, M. et al. (2017): Übungen zur Finanzwirtschaft der Unternehmung, 1. Auflage, München

10. Wöhe, G., Bilstein, J. (2013): Grundzüge der Unternehmensfinanzierung, 11. Aufl., München

11. Wöhe, G. ; Döring, U. (2020): Einführung in die Allgemeine Betriebswirtschaftslehre, 27. Aufl., München

12. Zantow, R.; Dinauer, J. (2016): Finanzwirtschaft des Unternehmens – Die Grundlagen modernen Finanzmanagements, 4. Aufl., München